Au-delà des droits de l'homme

DU MÊME AUTEUR

Le Courage est leur patrie (en collab.), Paris, Action, 1965.

Avec ou sans Dieu (en collab.), Paris, Beauchesne, 1970.

Vu de droite. Anthologie critique des idées contemporaines, Paris, Copernic, 1977 (Grand Prix de l'Essai de l'Académie française, 1978).

Les Idées à l'endroit, Paris, Libres-Hallier, 1979.

Comment peut-on être païen ?, Paris, Albin Michel, 1981.

Orientations pour des années décisives, Paris, Labyrinthe, 1982.

Fêter Noël. Légendes et traditions, Paris, Atlas, 1982.

Les Traditions d'Europe, Paris, Labyrinthe, 1982.

Démocratie : le problème, Paris, Labyrinthe, 1985.

Europe, Tiers-monde, même combat, Paris, Robert Laffont, 1986.

L'Éclipse du sacré. Discours et réponses (en collab.), Paris, La Table Ronde, 1986.

Le Grain de sable. Jalons pour une fin de siècle, Paris, Labyrinthe, 1994.

L'Empire intérieur, Saint-Clément, Fata Morgana, 1995.

Famille et société. Origines, histoire, actualité, Paris, Labyrinthe, 1996.

Ernst Jünger. Une bio-bibliographie, Paris, Guy Trédaniel, 1997.

Communisme et nazisme. 25 réflexions sur le totalitarisme au XXe siècle, 1917-1989, Paris, Labyrinthe, 1998.

L'Écume et les galets. 1991-1999 : dix ans d'actualité vue d'ailleurs, Paris, Labyrinthe, 2000.

Dernière année. Notes pour conclure le siècle, Lausanne, L'Âge d'Homme, 2001.

Critiques – Théoriques, Lausanne, L'Âge d'Homme, 2003.

Au-delà des droits de l'homme. Pour défendre les libertés, Paris, Krisis, 2004.

Nous et les autres. Problématique de l'identité, Paris, Krisis, 2006.

(Suite en fin de volume)

Alain de Benoist

Au-delà des droits de l'homme

Pour défendre les libertés

Pierre-Guillaume de Roux

41, rue de Richelieu – 75001 Paris
www.pgderoux.fr

À Gérard Landry

Introduction

On se demande parfois ce que l'Europe a apporté au monde, ce qui la spécifie en propre. La meilleure réponse est peut-être celle-ci : la notion d'objectivité. Tout le reste en découle : l'idée de personne et de liberté de la personne, le bien commun en tant qu'il se distingue des intérêts particuliers, la justice comme recherche de l'équité (c'est-à-dire le contraire de la vengeance), l'éthique de la science et le respect des données empiriques, la pensée philosophique en tant qu'elle s'émancipe de la croyance et consacre le pouvoir de l'homme à penser le monde et à questionner par lui-même le sens des choses, l'esprit de distance et la possibilité d'autocritique, la capacité dialogique, la notion même de vérité.

L'universalisme est une corruption de l'objectivité. Tandis que l'objectivité s'atteint à partir des choses particulières, l'universalisme prétend définir la particularité à partir d'une notion abstraite posée arbitrairement. Au lieu de déduire le devoir-être de l'être, il procède en sens inverse. L'universalisme ne consiste pas à traiter des choses objectivement, mais à partir d'une abstraction surplombante d'où s'ensuivrait un savoir sur la nature des choses. Il représente l'erreur symétrique inverse de la métaphysique de la subjectivité, qui ramène le bien au bon-pour-moi ou au bon-pour-nous, le vrai au for intérieur ou à l'entre-soi. La tradition européenne a toujours affirmé la nécessité pour l'homme de lutter contre sa seule subjectivité. À l'inverse, toute l'histoire de la modernité, dit Heidegger, est histoire du déploiement de la métaphysique de la subjectivité.

Le subjectivisme conduit obligatoirement au relativisme (tout se vaut), rejoignant ainsi la conclusion égalitaire de l'universalisme (tous se valent). Le relativisme ne peut être surmonté que par l'arbitraire du moi (ou du nous) : mon point de vue doit prévaloir au seul motif qu'il est le mien (ou qu'il est le nôtre). Les notions de justice et de bien commun s'effondrent du même coup.

L'idéologie des droits de l'homme conjugue l'une et l'autre de ces erreurs. Elle est universaliste dans la mesure où elle prétend s'imposer partout sans considération des appartenances, des traditions et des contextes. Elle est subjectiviste dans la mesure où elle définit les droits comme des attributs subjectifs du seul individu.

*

Proclamés avec force à la fin du XVIIIe siècle, les droits de l'homme n'ont pas toujours occupé le devant de la scène. Certes, on n'en a jamais oublié les grands principes, que l'on ne manquait pas d'invoquer et de citer régulièrement, de façon un peu rituelle, mais c'est seulement à date relativement récente qu'ils ont acquis le statut d'argument suprême qui est aujourd'hui le leur. Comme l'a rappelé récemment Alain Finkielkraut[1], sous l'Occupation, ce n'est pas tant au nom des droits de l'homme que l'on a lutté contre le nazisme, mais bien plutôt au nom de la patrie, de la nation humiliée et de l'identité meurtrie. Lorsque les Nations Unies ont proclamé en 1968 l'« Année internationale des droits de l'homme», ceux-ci ne jouaient pas encore un rôle essentiel dans le discours public. C'est seulement à partir des années 1970 que les choses ont commencé à changer.

Le retour en force de l'idéologie des droits de l'homme, qui s'est accompagné d'une floraison de livres et d'études sur le sujet, a pour cause principale la montée du néolibéralisme à partir de ces mêmes années 1970, et le ralliement à l'idéologie libérale de familles de pensée qui la contestaient auparavant. Les droits de l'homme sont d'abord apparus comme le meilleur moyen de critiquer les «régimes totalitaires» et de soutenir les dissidents soviétiques jusqu'à la chute du Mur de Berlin – qui, par une remarquable hasard, a coïncidé avec la date du bicentenaire de la Déclaration de 1789. En 1975, l'Acte final de la Conférence d'Helsinki, par lequel les Soviétiques déclaraient accepter la reconnaissance du partage de Yalta en échange de leur engagement à mieux respecter les libertés, leur apporta la consécration officielle des traités internationaux, tandis que des organisations non gouvernementales (ONG) au personnel pléthorique en reprenaient le flambeau. Ils ont ensuite été allégués pour légitimer, sous des prétextes «humanitaires», les violations du droit international, la remise en cause de la souveraineté des États, la multiplication des entreprises militaires, dites de «police internationale», en liaison avec le retour de l'idée de «guerre juste» et la mise en place d'institutions judiciaires supra-nationales (Cour de justice de Luxembourg, Cour européenne des droits de l'homme de Strasbourg, Cour pénale internationale de La Haye, Tribunaux pénaux internationaux, etc.). La thématique du «choc des civilisations» a elle aussi redonné de l'actualité aux droits de l'homme dans la mesure où ceux-ci pouvaient être utilisés comme ligne de rupture. Les critiques de l'islam sont évidemment les premiers à objecter aux pays arabo-musulmans les multiples violations des droits de l'homme auxquels ils se livrent. Ils sont allés de pair enfin avec la mondialisation, où certains n'ont pas hésité à voir l'annonce d'une future « gouvernance mondiale ». Partout, leur diffusion est allée de pair avec la montée du modèle du marché imposé par un capitalisme de plus en plus déterritorialisé, servant de légitimation suprême à la folle course en avant de la machinerie du profit.

À l'intérieur des sociétés occidentales, les droits de l'homme ont fourni une justification de la juridicisation croissante des rapports sociaux, et constitué le soubassement de la montée des revendications « sociétales » de toute nature. Ils ont accompagné le discours public sur l'immigration et l'accueil des réfugiés, la poussée du compassionnel et du « victimisme » lacrymal, la priorité donnée à la « lutte-contre-toutes-les-discriminations ». Ils ont aussi contribué à l'effacement du clivage droite-gauche, dans la mesure où tous les partis de gouvernement s'en réclament désormais, le ralliement massif de la gauche à l'idéologie du droits de l'homme ayant tout naturellement précédé son ralliement aux principes du marché, qui se fondent sur les mêmes postulats anthropologiques[2].

Autre cause du retour en force du langage des droits : l'individualisation massive des sociétés occidentales qui, toujours à partir des années 1970, et sur fond d'éradication postmoderne des valeurs partagées et des repères familiers, a créé un vide où l'idéologie des droits de l'homme s'est imposée par défaut comme base d'un nouveau consensus. L'individualisme, parallèlement, s'est infléchi vers le psychologique et le procédural, et l'on a assisté à une véritable explosion des subjectivités, qui s'est manifestée par une exigence de légitimation et de reconnaissance publique – y compris par la loi – de n'importe quelle forme de désir, dès lors assimilé à un besoin[3].

Marcel Gauchet a bien montré combien cette poussée de la logique individualiste s'inscrit dans la droite ligne de l'anthropologie libérale. Si les droits de l'homme deviennent la référence ultime de la vie en société, c'est qu'aujourd'hui les droits se confondent avec les intérêts. « La nouveauté de la conjoncture qui s'amorce au début des années 1970, souligne Gauchet, tient au fait que le versant économique des libertés individuelles passe au premier plan et en devient même le champ d'exercice privilégié. On ne peut pas séparer le triomphe de la logique des droits personnels de celui du principe de la maximisation des intérêts de ces mêmes personnes. C'est ainsi qu'on va de la société des droits vers la société de marché. Car, dès lors que l'indépendance des acteurs individuels est consacrée de la sorte, la coordination de l'ensemble prend nécessairement la forme d'un marché[4]. »

« Le sacre des droits de l'homme, dit aussi Gauchet, est à coup sûr le fait idéologique et politique majeur de nos vingt dernières années[5]. » Les droits de l'homme sont en effet devenus le centre de gravité idéologique de tout ce à quoi nous assistons actuellement. Ils visent à se substituer de manière hégémonique à toutes sortes de discours politiques et sociaux qui s'articulaient naguère à partir de notions aujourd'hui usées ou discréditées (tradition, nation, progrès, révolution), à devenir la boussole unique d'une époque désorientée, à fournir une morale minimale à un monde en désarroi. Ils sont l'« horizon moral de notre temps », dit Robert Badinter. Ils doivent devenir le « fondement de toutes les sociétés », ajoute Kofi Annan. Ils contiennent « en germe le concept d'un véritable gouvernement mondial », constate Jean Daniel. Ils ont acquis, estime Samuel Moyn, le caractère d'une véritable utopie, dont le succès s'explique par la faillite de toutes les autres[6].

Ils sont même plus que cela. Se fondant sur des propositions déclarées « évidentes » (« *We hold these truths to be self evident* », lisait-on déjà dans la Déclaration américaine de juillet 1776), ils se présentent comme un nouveau Décalogue. Rien n'est plus sacré dans les droits de l'homme, sauf ces droits eux-mêmes dans la mesure où ils se veulent le fondement d'un nouvel ordre humain. Les droits de l'homme ont ainsi pu être définis comme la « religion de l'humanité » (Nadine Gordimer), ou comme une « religion séculière mondiale » (Elie Wiesel). Ils sont, écrit Régis Debray, « la dernière en date de nos religions civiles, l'âme d'un monde sans âme[7] – la « Religion de l'Occident contemporain » (ROC) –, une religion qui a d'ores et déjà ses grands prêtres et son bas clergé, ses théologiens et ses missionnaires, ses saints et ses martyrs. Vincent Peillon, député européen et ancien ministre de l'Éducation nationale, n'en a pas fait mystère en déclarant y voir la « religion universelle » qu'il appelle de ses vœux : « Cette religion, c'est une religion de la laïcité, une religion de la liberté, une religion des droits de l'homme[8]. »

Dans le cas de la France, Christine Fauré indique que la volonté de faire de la Déclaration des droits de 1789 un objet quasiment religieux est apparue très tôt dans son histoire : « C'est un effet du mythe "droits de l'homme" que de considérer la Déclaration de 1789 comme inengendrée, sortie déjà armée du cerveau de Dieu[9]. » Cette Déclaration a été « presque immédiatement comparée à un nouvel Évangile », confirme Valentine Zuber, qui ajoute que l'idéologie des droits de l'homme revêt en France le caractère d'« une religion civile républicaine telle qu'elle a été définie par les sociologues américains : un ensemble de croyances, de symboles et de rites relatifs aux choses sacrées portées par une société et échappant au débat. [...]

Cette religion civile, impensé de la tradition républicaine française [...], s'est imposée d'elle-même dans la pratique politique »[10].

Le principe déclaratif a pourtant subi en France une éclipse de près d'un siècle, depuis 1848 jusqu'en 1946, date à laquelle le texte de la Déclaration des droits de 1789 fut inséré dans celui de la Constitution de la IVe République (le préambule de la Constitution de 1958 y faisant également référence). Dans cet intervalle, les droits de l'homme étaient généralement négligés, invoqués de manière rhétorique sans vraiment prêter à conséquences, voire tenus en suspicion par le discours dominant. Tel n'est plus le cas aujourd'hui, la France se voulant plus que jamais « le pays des droits de l'homme » – ce qui ne l'a pas empêchée d'être plusieurs fois condamnée pour manquement aux droits de l'homme par les tribunaux internationaux chargés de les faire appliquer –, formule qui lui permet de revendiquer en la matière une certaine antériorité[11], mais qui fait aussi disparaître la France d'avant les droits de l'homme, mutilant ainsi son histoire, tout en entretenant le flou sur son identité, car si être français c'est respecter les droits de l'homme, on ne voit plus ce qui distingue la France de tout autre pays censé les respecter aussi. Dans un discours de sa campagne électorale de 2007, Nicolas Sarkozy déclarait ainsi : « Je veux être le président de la France des droits de l'homme. [...] Je veux être celui par lequel la France va défendre ses valeurs universelles [sic][12]. » François Hollande, quant à lui, a laissé prévoir en août 2015 la prochaine mise au point d'une « Déclaration des droits de l'humanité ».

Une évidence est de l'ordre du dogme : elle ne se discute pas. C'est pourquoi il paraît aujourd'hui aussi inconvenant, aussi blasphématoire, aussi scandaleux de critiquer l'idéologie des droits de l'homme qu'il l'était autrefois de douter de l'existence de Dieu. Comme toute religion, le discours des droits de l'homme cherche à faire passer ses dogmes comme autant d'absolus qu'on ne saurait discuter sans être foncièrement stupide ou malhonnête, méchant ou animé des pires intentions. « On constate, écrit encore Valentine Zuber, que toute critique à leur endroit, même si elle se veut constructive, fait l'objet d'une désapprobation massive émanant essentiellement des milieux dits éclairés ou progressistes. Parce que leur but affiché est le Bien absolu, soit l'amélioration exponentielle des conditions de la vie humaine et sociale, ces droits ne souffriraient aucune remise en cause, sans parler même de leur contestation actuelle[13]. » En présentant les droits de l'homme comme des droits « humains », comme des droits « universels », on les soustrait en effet nécessairement à la critique, c'est-à-dire au *droit* de les questionner. De même, enfin, que les croyants pensaient naguère avoir le devoir de convertir par tous les moyens « infidèles » et mécréants, les tenants du credo des droits de l'homme se considèrent comme légitimement investis de la mission d'en imposer les principes au monde entier. Théoriquement fondée sur un principe de tolérance, l'idéologie des droits de l'homme se révèle ainsi comme potentiellement porteuse de l'intolérance la plus extrême. Les Déclarations des droits ne sont pas tant des déclarations d'amour que des déclarations de guerre.

Depuis leur apparition, les droits de l'homme n'ont pourtant cessé d'être critiqués. Ils ont même fait l'objet de toutes sortes de critiques : critique traditionaliste, critique conservatrice, critique positiviste, critique utilitariste, critique marxiste, etc.[14] Ces critiques sont d'inégale valeur, et rares sont celles qui vont à l'essentiel. Il faut en outre distinguer les critiques externes, qui s'opposent frontalement à l'idéologie des droits de l'homme, et les critiques internes, qui en acceptent les fondements mais déplorent leur insuffisance, leur inefficacité, ou n'en contestent que les modalités d'application[15].

Parmi les critiques internes, on peut citer une certaine critique de gauche qui se borne à constater, concernant la mise en œuvre des droits de l'homme, l'écart qui existe entre la théorie et la pratique, à souligner l'hypocrisie des puissances qui font jouer la rhétorique des droits de l'homme à l'avantage de quelques-uns et la mettent au service de leurs seuls intérêts, ou bien encore à déplorer que les droits individuels ne soient pas plus souvent assortis de droits collectifs, sociaux ou culturels. L'idée générale est que les droits de l'homme sont avant tout « inachevés » et « imparfaits », thématique que l'on trouve déjà chez Jean Jaurès ou Albert Bayet. Cette critique n'est pas fausse, mais banale. Ce n'est pas d'hier que l'on sait bien qu'il ne suffit pas qu'une règle existe pour que la réalité s'y conforme. L'histoire des droits de l'homme est aussi l'histoire de la violation de ces droits. Chacun en convient, les droits de l'homme sont quotidiennement bafoués plus souvent encore qu'ils ne sont proclamés.

La critique contre-révolutionnaire est plus radicale, mais elle ne s'intéresse aux droits de l'homme que dans la mesure où elle y voit la base intellectuelle de la Révolution française, objet prioritaire de sa détestation et qu'elle traite comme un « bloc », c'est-à-dire sans voir à quel point le moment révolutionnaire fut traversé de courants idéologiques différents. Sa visée, en outre, est de toute évidence d'œuvrer à un retour pur et simple à l'Ancien Régime. Le légitimiste Joseph de Maistre, pour qui la Révolution de 1789 a été d'origine « satanique », insiste ainsi surtout sur les devoirs de l'homme envers Dieu. Contre le « philosophisme », il estime que le seul fait de vouloir écrire une

Constitution est le signe d'un orgueil humain démesuré : « Plus on écrit et plus l'institution est faible. »

La critique conservatrice ne va guère plus loin. Elle consiste surtout à dénoncer l'idéalisme et l'universalisme abstrait de la théorie des droits. Dans ses *Réflexions sur la Révolution de France* (1790), ouvrage dont le succès fut foudroyant (il fut réédité onze fois dans l'année qui suivit sa parution), Edmund Burke, chef du parti *whig*, le parti libéral britannique, soutient ainsi que la Révolution a été le « fruit de la raison abstraite des philosophes » et que « l'histoire des sociétés suit une évolution sur laquelle la raison des hommes n'a aucune emprise ». Ayant soutenu la cause de l'indépendance américaine, il ne nie pas l'existence des droits naturels, mais constate la façon dont ils ont été posés par les révolutionnaires en 1789. « Le gouvernement des peuples, écrit-il, n'est pas établi en vertu des droits naturels qui peuvent exister et qui existent indépendamment de lui ; et qui dans cet état d'abstraction présentent beaucoup plus de clarté et s'approchent bien plus près de la perfection : mais c'est justement cette perfection abstraite qui fait leur défaut pratique. [...] Comme les libertés et les restrictions varient avec les époques et les circonstances et qu'elles admettent les unes comme les autres une infinité de modifications, il n'existe pour les définir aucune règle abstraite ; et rien n'est si sot que d'en discuter en pure théorie. » Face à l'universalisme des droits, qui dépouille l'homme de ses appartenances, il rappelle que chaque peuple est le produit d'une histoire singulière dont on ne peut faire abstraction – mais il se pose également en adversaire résolu de l'idée de nation. Il cherche à réhabiliter les traditions, mais aussi les privilèges et les préjugés sociaux, en adoptant une démarche qui rappelle fortement la critique du « constructivisme » qui sera plus tard celle de Friedrich Hayek. Plus qu'un contre-révolutionnaire, c'est un conservateur libéral. On retrouve des arguments assez semblables chez Thomas Carlyle, Friedrich von Gentz ou Hippolyte Taine.

La critique marxiste, très différente, va beaucoup plus au fond des choses. « C'est à Marx et Engels, écrit Claude Leclercq, que l'on doit les plus virulentes critiques contre la théorie des droits naturels de la personne[16]. » Marx ne se borne pas en effet, comme on le croit trop souvent, à montrer le caractère « formel », et donc illusoire, des libertés proclamées par la théorie des droits. Il montre aussi que l'homme dont la Déclaration des droits de 1789 proclame les droits n'est que l'homme *séparé* de l'anthropologie bourgeoise libérale, et que la valeur individuelle qu'elle défend n'est en dernière analyse que la valeur marchande. Nous reviendrons longuement sur ce point.

*

Dans le passé, c'est au nom des droits de l'homme que l'on a procédé à la vente forcée des « communaux », et que l'on a voté la loi Le Chapelier, qui interdisait les coalitions ouvrières en y voyant un « attentat contre la liberté et la déclaration des droits de l'homme ». À partir du XIXe siècle, c'est au nom des droits de l'homme que l'Occident a essayé d'implanter partout dans le monde les normes qui lui étaient propres. C'est au nom des droits de l'homme, à l'époque de la guerre froide, que les États-Unis ont soutenu les dictatures les plus brutales au seul motif qu'elles participaient au *containment* du communisme soviétique (en fait un capitalisme d'État). Plus récemment, c'est au nom des droits de l'homme que l'Amérique a déclaré la guerre à l'« axe du mal », que l'on a renversé et tué Saddam Hussein et Mouammar Kadhafi avec les brillantes conséquences que l'on sait. C'est aussi au nom des droits de l'homme qu'une grande partie de la gauche s'est mise sans états d'âme au service des firmes multinationales et de l'exceptionnalisme américain. C'est au nom des droits de l'homme que l'on a engagé la « lutte-contre-toutes-les-discriminations » tout en abandonnant le combat pour la justice sociale, que l'on réclame la gestation pour autrui et que l'on explique doctement que la lutte contre les « stéréotypes de genre » exige l'abolition du masculin et du féminin. C'est au nom des droits de l'homme que l'on justifie l'arrivée en France d'une masse d'immigrants toujours plus considérable. C'est au nom des droits de l'homme que la Cour de justice de l'Union européenne a interdit que soient pénalisés les étrangers en situation irrégulière, et que la France a été condamnée par la Cour européenne des droits de l'homme pour son refus de reconnaître la filiation des enfants nés de mères porteuses à l'étranger. C'est au nom des droits de l'homme que l'on décrète « archaïques » et « dépassées » les aspirations du peuple à ne pas voir laminés les « liens qui libèrent » (assistance réciproque, structures sociales organiques, réseaux d'entraide, don et contre-don, etc.) hérités du passé. C'est au nom des droits de l'homme que l'on décrète l'abolition du sacré et des « coutumes d'un autre âge ». C'est au nom des droits de l'homme que l'on impose à l'école la suppression du « roman national ». C'est au nom des droits de l'homme que s'instaure le gouvernement des juges. Et le langage des droits est, bien sûr, intériorisé désormais dès la plus petite enfance (« T'as pas le droit ! »).

Aujourd'hui, le discours des droits de l'homme n'a pas seulement pour but de fournir une idéologie de substitution après l'effondrement des « grands récits » inspirateurs de vastes projets collectifs. En cherchant à imposer une norme morale particulière à tous les peuples, il vise à redonner bonne conscience à l'Occident en lui permettant de s'instituer une fois de plus en modèle et de dénoncer comme « barbares » ceux qui refusent ce modèle. Dans l'histoire, les « droits » n'ont été que trop souvent ce que les maîtres de l'idéologie dominante avaient décidé de définir ainsi. Intrinsèquement lié à l'expansion des marchés, le discours des droits de l'homme constitue de nos jours l'armature idéologique de la globalisation. Il est avant tout un instrument de domination, et doit être regardé comme tel.

Dans ce livre, nous ne défendons donc pas le point de vue de ceux qui ne s'en prennent aux droits de l'homme que par hostilité aux libertés que ces droits prétendent défendre, et qui veulent en réalité redonner droit à l'absolutisme, au despotisme ou à la théocratie. Les hommes doivent pouvoir lutter partout contre la tyrannie et l'oppression. Contester l'idéologie des droits de l'homme, ce n'est pas pour nous plaider pour le despotisme, c'est bien plutôt contester que cette idéologie soit le meilleur moyen d'y remédier. C'est s'interroger sur la validité des fondements de cette théorie, sur le statut nomologique de ces droits, sur les possibilités d'instrumentalisation dont ils peuvent faire l'objet. C'est aussi dire comment on doit, sans eux, défendre les libertés.

La liberté est une valeur cardinale. Elle est l'essence même de la vérité. C'est pourquoi elle doit être sortie des ornières de l'universalisme et de la subjectivité. Que les droits de l'homme soient proclamés avec force – et parfois même avec violence – dans une société de plus en plus déshumanisée, où les hommes tendent à devenir des objets, où la marchandisation et la réification des rapports sociaux créent partout des phénomènes d'aliénation nouveaux, n'est pas un hasard. Il existe bien des façons de témoigner aux hommes du respect et de la solidarité. La question des libertés ne saurait se résoudre en termes de droit ou de morale. Elle est avant tout une question politique. Elle doit être résolue politiquement.

Notes

1. Alain Finkielkraut, *La seule exactitude*, Stock, Paris 2015.

2. Pour Jean-Claude Michéa, le « recentrage de la gauche moderne, depuis maintenant plus de trente ans, à la seule rhétorique des droits de l'homme [...] a rendu progressivement inévitable la conversion de cette gauche moderne aux dogmes du libéralisme économique » (« Droit, libéralisme et vie commune », in *Journal du MAUSS*, texte en ligne, novembre 2015).

3. Cf. Catherine Colliot-Thélène, « L'interprétation des droits de l'homme : enjeux politiques et théoriques au prisme du débat français », texte en ligne, in *Trivium*, 3, avril 2009.

4. In Alain Badiou et Marcel Gauchet, *Que faire ? Dialogue sur le communisme, le capitalisme et l'avenir de la philosophie*, Philosophie Éditions, Paris 2014, p. 89.

5. Marcel Gauchet, *La démocratie par elle-même*, Gallimard-Tel, Paris, 2002, p. 326.

6. Samuel Moyn, *The Last Utopia. Human Rights in History*, Harvard University Press, Cambridge 2010.

7. Régis Debray, *Que vive la République*, Odile Jacob, 1989, p. 173.

8. Entretien en ligne avec *Le Monde des religions*, 1er mars 2010.

9. Christine Fauré, *Les Déclarations des droits de l'homme de 1789*, Payot, Paris 1988, p. 17.

10. Valentine Zuber, *Le culte des droits de l'homme*, Gallimard, Paris 2014, pp. 11 et 362.

11. Bien à tort d'ailleurs, puisque les premières déclarations françaises des droits développent des idées qui figuraient déjà dans les *bills of rights* américains, même si, comme l'avait observé Condorcet

(*Esquisse d'un tableau historique des progrès de l'esprit humain* [1795], 9e époque, Prior, Paris 1933, p. 169), les Déclarations américaines des droits insistaient sur l'identité des intérêts plus encore que sur l'égalité des droits.

12. Discours à Bercy, 29 avril 2007.

13. Op. cit., p. 333.

14. Cf. Bertrand Binoche, *Critiques des droits de l'homme*, PUF, Paris 1989, pp. 97-112.

15. Sur cette distinction, cf. Gregorio Peces-Barba Martínez, *Théorie générale des droits fondamentaux*, LGDJ, Paris 2004.

16. Claude Leclercq, *Libertés publiques*, Litec, Paris 1994, p. 17.

Quel homme ? Quel droit ?

L'idéologie des droits définit canoniquement les « droits de l'homme » comme des droits innés, inhérents à la nature humaine, dont tout individu serait porteur depuis l'« état de nature », comme autant de qualités intérieures, antérieurement et indépendamment de toute vie en société, c'est-à-dire avant tout rapport social. Le *Bill of Rights* de Virginie (12 juin 1776) est le premier à déclarer que « tous les hommes sont par nature également libres et indépendants et qu'ils ont certains droits inhérents dont ils ne peuvent, lorsqu'ils entrent dans l'état de société, priver ni dépouiller, par aucun contrat, leur postérité ». Le 4 juillet 1776, la Déclaration d'indépendance américaine proclame à son tour : « Tous les hommes sont créés égaux ; ils sont doués par le Créateur de certains droits inaliénables : parmi ces droits se trouvent la vie, la liberté et la recherche du bonheur. » La Déclaration des droits de 1789 répète que « les hommes naissent libres et égaux en droit » (art. 1) ; celle de 1948, que « tous les êtres humains naissent libres et égaux en dignité et en droits » (art. 1).

Attributs subjectifs de tout homme en tant qu'il est un homme, se rapportant à un être isolé, prépolitique et présocial, ces droits sont donc nécessairement individuels : ils sont ceux que l'individu peut mettre en œuvre selon sa seule volonté ; ils constituent les privilèges dont peut jouir l'agent qui les possède. Les droits naturels s'appréhendent par le travail de la seule raison – dont Descartes affirmera qu'elle est « une et entière en chacun ». Apanage de tous les êtres humains, supposés affranchis de l'espace et du temps, valables en tous temps et en tous lieux, indépendamment des conditions personnelles, des situations politiques et des appartenances sociales-historiques, ils sont en outre universels et inaliénables par définition. Aucun État ne saurait les créer, les octroyer ou les abroger, puisqu'ils sont antérieurs et supérieurs à toute forme sociale et politique. C'est la raison pour laquelle les premières déclarations des droits insistent sur le fait qu'elles se bornent à les « reconnaître » et à les proclamer[1] (ce qui n'empêche d'ailleurs pas qu'ils soient « toujours à conquérir »). Les pouvoirs publics ne peuvent que les reconnaître en s'imposant à eux-mêmes de les garantir et de les respecter, le premier de ces droits étant de déterminer librement soi-même ce que l'on veut faire de sa vie, ce qui permet à l'État libéral de se présenter comme « axiologiquement neutre » tout en affirmant la valeur (ou la méta-valeur) des droits. L'idée générale qui se déduit de cette définition est que l'homme n'est pas réductible à son être social, que son être véritable est ailleurs. L'homme devient, comme le disait Diderot, un point de l'espace infini, à partir duquel on peut tracer des lignes sans fin.

L'idéologie des droits de l'homme proclame ainsi que l'homme non politique et non social est l'homme « naturel » – et même que c'est en tant qu'il échappe au social qu'il doit être considéré comme naturel. Quand on dit que tous les hommes sont « libres et indépendants », cela signifie que c'est parce qu'ils sont réputés « indépendants » qu'ils peuvent être dits libres. Toute société se trouve ainsi affectée d'un moindre-être par rapport aux individus qui la composent. Perdant toute caractéristique qu'elle pourrait posséder en tant que telle, c'est-à-dire en tant que société, elle n'est plus qu'une addition d'individus. Comme Louis Dumont et bien d'autres l'ont maintes fois remarqué, la Déclaration des droits de l'homme de 1789 « marque en un sens le triomphe de l'Individu »[2] – et c'est bien en cela qu'elle correspond à une étape fondamentale de la mise en place d'une modernité qui s'est posée comme déconstruction systématique des siècles communautaires. « Une collectivité n'a pas d'existence et de réalité autres que les actions des individus qui en sont membres », affirmait déjà Ludwig von Mises[3]. « La société n'existe pas », dira plus tard Margaret Thatcher de façon plus lapidaire. Ce credo est le fondement de l'individualisme méthodologique : le seul moyen de connaître les ensembles collectifs passe par l'analyse des actions individuelles.

« L'"homme *a priori*" qu'évoquent les droits de l'homme est l'homme uniquement abstrait, l'homme en tant qu'il est à la fois porteur et serviteur de l'abstraction sociale dominante, écrit Robert Kurz. Et ce n'est qu'en tant qu'homme abstrait qu'il jouit de la reconnaissance universelle[4]. » L'homme est ainsi réduit, en quelque sorte, à la « vie nue » dont parle Giorgio Agamben (*zôè* par opposition à *bios*, la vie politiquement qualifiée et pleinement vécue). Mais cette reconnaissance universelle peut aussi bien se transformer en non-reconnaissance absolue du fait que les hommes ainsi définis, dénués de qualités, deviennent fondamentalement interchangeables.

Dans son essai sur la question juive[5], qui se présente au départ comme une réponse à Bruno Bauer, la principale critique que Karl Marx adresse à la Déclaration de 1789 tient précisément au fait que la liberté de l'homme n'y est définie que contre les autres hommes, et non pas avec eux, la force de son analyse étant de relier directement l'« abstraction » des droits de l'homme à la philosophie et à l'anthropologie libérales, tout en soulignant le caractère de classe de celles-ci.

L'homme dont parlent les droits de l'homme, écrit Marx, est un être posé ontologiquement comme séparé du social, conception qui « fait voir à chaque homme, dans un autre homme, non pas la *réalisation*, mais plutôt la *limitation* de sa liberté ». Or, l'homme est un être social qui « ne peut se constituer comme individu singulier que dans la société »[6]. Cet être séparé, cette monade pour qui la société n'est qu'une limitation de son indépendance originelle, souligne-t-il ensuite, n'est autre que l'homme tel que le conçoit l'idéologie libérale bourgeoise : les droits de l'homme « ne sont rien d'autre que les droits du membre de la société bourgeoise, c'est-à-dire de l'homme égoïste, de l'homme séparé de l'homme et de la communauté ». C'est bien pourquoi le plus important de ces droits aux yeux de ceux qui le proclamèrent les premiers est le droit de propriété, qui implique d'abord que l'homme soit entièrement propriétaire de lui-même, et ensuite que ce qu'il possède ne concerne personne d'autre que lui. Le premier des droits naturels étant le droit de propriété, il s'ensuit que la propriété est elle aussi « naturelle » (de proche en proche, on « naturalisera » par la suite tout ce qui s'y rattache : le marché, l'échange marchand, la marchandise, l'argent, etc.). « C'est sur le maintien des propriétés que reposent la culture des terres, toutes les productions, tout moyen de travail, et tout l'ordre social », affirme l'art. 8 de la Déclaration du 22 août 1795. « Le droit de propriété, commente Marx, est le droit de jouir de sa fortune et d'en disposer "à son gré" sans se soucier des autres hommes, indépendamment de la société ; c'est le droit de l'égoïsme. » Il en va de même de la « sûreté », que le même article de la Déclaration de

1795 définit comme « la protection accordée par la société à chacun de ses membres pour la conservation de sa personne, de ses droits et de ses propriétés ». Marx observe : « La sûreté est le concept social suprême de la société bourgeoise, le concept de la police. [...] La sûreté est l'assurance (*Versicherung*) de l'égoïsme. »

L'argument central de Marx est que, sur la base des droits de l'homme, on ne peut faire aucune objection au rapport marchand comme libre contrat entre libres propriétaires égaux devant la loi. Celui qui vend sa force de travail et celui qui l'achète ont les mêmes droits, ce qui fait disparaître la réalité du rapport de forces existant entre eux et n'empêche évidemment pas que le second exploite le premier. L'idéologie des droits de l'homme, selon une formule bien connue, accorde les mêmes droits au loup et au mouton, au renard et au poulailler. « L'exploitation ne peut donc être ni abolie ni limitée par l'invocation des droits de l'homme, qui lui fournit au contraire une justification formelle à travers le principe de libre disposition de la propriété et de l'égalité juridique des libres contractants[7]. »

La Déclaration des droits ne proclame donc que les droits de l'individu possessif du capitalisme bourgeois. La phraséologie des droits de l'homme n'est qu'une transfiguration idéologique des formes juridiques du rapport marchand, qui est le mode de l'exploitation capitaliste. Avec la généralité abstraite de l'« homme » dont on proclame les droits, s'affirme avant tout le jeu des intérêts privés. Les droits de l'homme sont en outre intemporels, anhistoriques, alors que tout droit est historique. « Aucun des prétendus droits de l'homme, conclut Marx, ne dépasse l'homme égoïste, l'homme en tant que membre de la société bourgeoise, c'est-à-dire un individu séparé de la communauté, replié sur lui-même, uniquement préoccupé de son intérêt personnel et obéissant à son arbitraire privé. [...] Le seul lien qui les unisse, c'est la nécessité naturelle, le besoin et l'intérêt privé, la conservation de leurs propriétés et de leur personne égoïste. » Affirmer que la fin de toute association politique est la conservation des droits de l'homme, faire des droits du citoyen un « simple moyen pour conserver ces prétendus droits de l'homme » revient dès lors à mettre le citoyen au service de l'homme égoïste : « Ce n'est pas l'homme comme citoyen, mais l'homme comme bourgeois qui est pris pour l'homme proprement dit, pour l'homme *vrai*. [...] L'homme réel n'est reconnu que sous l'aspect de l'individu égoïste et l'homme vrai que sous l'aspect du citoyen abstrait. » Le règne de la raison, ajoutera Engels, n'est lui-même que le « règne idéalisé de la bourgeoisie ». En proclamant comme un droit universel ce qu'elle se réserve pour elle seule, l'universel devenant ainsi le masque du particulier, la bourgeoisie contribue, tout comme le capitalisme, à noyer l'homme dans les « eaux glacées du calcul égoïste ». La condamnation de l'idéologie des droits de l'homme par Karl Marx est bien « totale, constante, définitive »[8].

Que l'homme des droits de l'homme s'identifie à l'*Homo œconomicus* n'a rien pour surprendre. Michael Goodhart a bien montré, dans le cas de la théorie des droits chez John Locke, que celle-ci a directement favorisé l'émergence et le développement du capitalisme dans la mesure où elle se fondait sur les mêmes postulats et entraînait les mêmes conséquences que lui : destruction des communautés traditionnelles et des valeurs partagées, montée de l'individualisme bourgeois, passage du modèle de la *Gemeinschaft* à celui de la *Gesellschaft*, etc.[9] Raoul Vaneigem, pour qui « nous ne pouvons nous satisfaire de droits abstraits dans une société où l'emprise économique abstrait l'homme de lui-même », écrit lui aussi que « l'histoire des libertés accordées à l'homme n'a cessé de se confondre, à ce jour, avec l'histoire des libertés accordées à l'homme par l'économie. [...] L'essor des droits de l'homme procède de l'expansion du libre-échange »[10]. Le système du marché ne peut en effet véritablement s'étendre que dans des sociétés où les individus ont déjà été « atomisés ». C'est pourquoi l'idéologie des droits de l'homme a constamment légitimé l'extension planétaire d'un système capitaliste dont le caractère révolutionnaire avait également été bien perçu par Marx. Comme l'écrit Xavier Dijon, « lorsqu'une société n'a pas d'autre projet de sens que le renvoi de ses membres à la somme de leurs aventures individuelles, il ne faut pas s'étonner de ce qu'une telle société ne soit viable que pour ceux qui occupent dès le départ, moyennant l'appropriation violente des moyens de production, la place des maîtres par rapport à ceux que l'aliénation économique maintient au rang d'esclaves ; il ne faut pas s'étonner non plus de ce que le seul lien qui unisse les maîtres entre eux, faute de projet commun, soit le rapport aux choses, le marché ; capitalisme et libéralisme vont bien ensemble »[11].

C'est la promotion de cet individu séparé, hors-sol, cet homme de partout et de nulle part qui ne se qualifie ni par sa langue, ni par sa culture, ni par ses croyances, ni par ses origines ni par son sexe, que Hervé Juvin a qualifié de « grande séparation » : « La séparation moderne met fin à [la] diversité des sociétés humaines et coupe l'individu de toutes les déterminations par lesquelles l'histoire, la nation, la culture ou la religion faisaient de lui le membre d'une communauté, l'acteur d'une société et un citoyen responsables. [...] Il n'y a plus que des individus qui ont des droits, et rien d'autre ne peut les singulariser ; voilà l'idéologie moderne, voilà ce qui réalise la grande séparation d'avec l'histoire comme avec la nature, voilà comment le droit entreprend d'en finir avec les nations, de dissoudre les peuples et d'étouffer la démocratie au nom de l'homme nouveau[12]. »

*

Les droits de l'homme sont anhistoriques, mais ils n'en ont pas moins une histoire. L'expression *jura hominum* n'est d'ailleurs pas antérieure à 1537. La première question qu'il faut se poser consiste donc à savoir au terme de quel processus les droits de l'homme ont pu être reconnus, puis « déclarés », et dans quelle mesure leur formulation juridique représente ou non une solution de continuité par rapport aux formes traditionnelles du droit.

À l'origine, le droit ne se définit nullement comme un ensemble de règles et de normes de conduite (qui relèvent de la morale), mais comme une discipline visant à déterminer les meilleurs moyens d'instaurer l'équité au sein d'une relation. Pour les Grecs, la justice au sens juridique du terme représente la bonne proportion, la proportion équitable entre biens et charges partagés. Le *jus* du droit romain classique vise pareillement à déterminer le « bon partage » qui doit exister entre les hommes, la juste part qui doit être attribuée à chacun : « *Suum cuique tribuere.* » Cicéron dit ainsi, à propos du droit civil, que « sa fin est de maintenir entre les citoyens, dans le partage des biens et les procès, une juste proportion reposant sur les lois et les usages »[13]. Le juriste ou le juge est celui qui détermine cette juste répartition. Consistant dans l'équité et la rectitude des rapports entre les personnes, la justice vise par là à l'harmonie du groupe. Le domaine privilégié du droit est donc celui de la justice distributive, c'est-à-dire d'une justice proportionnant les citoyens entre eux et par rapport au bien commun. La nature humaine sert de référence, mais n'est pas appréhendée selon le for intérieur, indépendamment de tout rapport social. Elle n'est elle-même qu'un élément d'une vision du monde plus générale, qui lui assigne sa place et sa fonction.

Dans cette conception du droit naturel classique, il n'y a place ni pour l'universalisme, ni pour le subjectivisme ni pour le contractualisme. Un droit subjectif, un droit qui serait une propriété de la personne en dehors de toute vie sociale est impensable. Les « droits » sont seulement des *parts* qui doivent revenir à tel ou tel, le résultat d'un partage ordonné par le juge. Comme le dit Michel Villey, « le droit ne connaît pas de sujets, il ne connaît que des attributaires »[14]. Le droit ne concerne donc jamais un être isolé, un individu considéré en tant que tel. Il ne concerne pas non plus l'homme pris dans sa généralité : l'homme générique reste un cadre vide. « Les Grecs, observe Jean-Pierre Vernant, sont totalement dépourvus de cette idée d'un individu singulier, détenteur de droits universels et inaliénables qui nous paraît aller de soi »[15] – ce qui ne les a pas empêchés d'inventer la démocratie et de mettre plus que d'autres à l'honneur la notion de liberté.

Une première rupture apparaît avec le christianisme. La religion chrétienne proclame en effet la valeur unique de chaque être humain en la posant comme une valeur *en soi*. En tant qu'il possède une âme qui le met en relation directe avec Dieu, l'homme devient porteur d'une valeur absolue, c'est-à-dire d'une valeur qui ne saurait se confondre ni avec ses qualités personnelles ni avec son appartenance à une collectivité particulière. Parallèlement, le christianisme donne une définition purement individuelle de la liberté, dont il fait la faculté, pour un être doué de raison, de choisir conformément à la morale entre les moyens qui conduisent à une fin. (« *Radix libertatis sicut subjectum est voluntas, sed sicut causa est ratio* », dira Thomas d'Aquin). Cet accent mis sur le libre-arbitre contient implicitement l'idée que l'homme peut s'affranchir intégralement de ses déterminations naturelles, qu'il peut opérer ses choix sur la base de sa seule raison, en aval de lui-même, et conformer ainsi le monde à sa volonté. Au départ, cette volonté est posée comme pouvoir de consentement. La vie supérieure procède d'une transformation de la volonté qui est l'œuvre de la grâce.

Par ces innovations anthropologiques majeures, le christianisme creuse un fossé entre l'origine de l'homme (Dieu) et son existence temporelle. Il retire à l'existence relationnelle de l'être humain l'ancrage ontologique qui se trouve réservé à son âme. Il entame, au plan métaphysique, une séparation de l'individu et du social qui aboutira à celle de l'homme et du citoyen. Les liens entre les hommes sont bien entendu toujours importants, mais ils restent secondaires, pour cette simple raison que la vie commune de ces hommes, leur être-ensemble, ne se confond plus avec leur être tout court. Ce n'est pas à tort, de ce point de vue, que Hegel a pu faire coïncider l'avènement du christianisme avec le subjectivisme[16].

Origène fut l'un des premiers à faire valoir, dans sa polémique contre Celse, que les lois positives qui contredisent la « loi naturelle » ne méritent pas le nom de lois. Mais c'est surtout dans la tradition augustinienne que l'appartenance à la cité supraterrestre sera affirmée aux dépens de celle qui rattache l'homme à ses semblables. « Le chrétien cesse d'être *partie* de l'organisme politique, écrit Michel Villey, il est un *tout*, un infini, une valeur en soi. Lui-même est une fin supérieure aux fins temporelles de la politique et sa personne transcende l'État. C'est ici le germe des libertés modernes de l'individu, qui seront opposables à l'État, nos futurs "droits de l'homme"[17]. » En proclamant la destination métaphysique de l'homme, le christianisme tend à détourner la justice humaine de son intérêt pour le monde sensible.

Augustin développe également avec force l'idée chrétienne selon laquelle le cheminement vers le supérieur passe par l'intérieur : « *Noli foras ire, in teipsum redi ; in interiore homine habitat veritas* » (« Rentre en toi-même au lieu d'aller vers le dehors ; c'est à l'intérieur de l'homme qu'habite la vérité »). Le for intérieur remplace ainsi le monde, désormais désacralisé, comme lieu de la vérité (le saint se substitue au sacré). C'est par le for intérieur, lieu d'une liberté intime qui est aussi le siège de l'âme, que l'on peut aller vers Dieu. Par ce thème s'introduit dans la pensée occidentale une tendance à la réflexivité, qui se muera plus tard en pure subjectivité. L'idée que le for intérieur est le lieu de la vérité annonce en effet l'idée moderne d'une sphère privée, coupée de la sphère publique et détachée des contingences extérieures, qui serait le lieu privilégié de l'épanouissement individuel. Descartes reprendra le thème de l'intériorité augustinienne et le dirigera dans une direction nouvelle, en situant les sources de la morale dans le *cogito*. La privatisation, pourrait-on dire, la promotion d'une sphère privée où la vie bonne se réduit désormais à la vie ordinaire, commence avec cette promotion du for intérieur.

La croyance en un Dieu unique permet par ailleurs de représenter tous les hommes sans distinction comme également fils de ce Dieu. Les Grecs rendaient un culte aux dieux grecs, les chrétiens croient en un Dieu qui n'est le dieu d'aucun peuple en particulier, puisqu'il a autorité sur tous les hommes, et que ceux-ci ont tous vocation à l'adorer. La foi, du même coup, ne coïncide plus avec l'appartenance à une cité particulière, à un peuple spécifique. Avant d'être membre d'un peuple ou d'une culture, l'homme est désormais d'abord un individu en relation avec Dieu. Sa véritable naissance, celle qui compte avant tout, coïncide avec son baptême. « Il n'y a plus ni Juif ni Grec, ni esclave ni libre, ni homme ni femme, car tous vous êtes un en Jésus-Christ », dit saint Paul (Galates 3, 28). Ainsi apparaît, par opposition à la citoyenneté sans universalité inventée en Grèce, une universalité sans citoyenneté. L'humanité prend du même coup une signification morale. Radicalisant une tendance universaliste déjà présente dans le stoïcisme, la doctrine chrétienne proclame l'unité morale du genre humain. « Il est indiscutable, écrit Olivier Mongin, que l'égalitarisme qui sous-tend le droit naturel d'appartenance à la communauté humaine ne peut être séparé de son horizon judéo-chrétien, voire des valeurs évangéliques[18]. »

L'individu étant considéré comme irréductible à la collectivité ou à la communauté politique, il en résulte un rapport nouveau du citoyen à l'État, qui va entraîner d'innombrables crises politiques au cours de l'histoire de l'Europe. Louis Dumont, se référant à Ernst Troeltsch, écrit : « L'âme individuelle reçoit valeur éternelle de sa relation filiale à Dieu, et dans cette relation se fonde également la fraternité humaine : les chrétiens se rejoignent dans le Christ dont ils sont les membres. Cette extraordinaire affirmation se situe sur un plan qui transcende le monde de l'homme et des institutions sociales, quoique celles-ci procèdent elles aussi de Dieu. La valeur infinie de l'individu est en même temps l'abaissement, la dévaluation du monde tel qu'il est : un dualisme est posé, une tension est établie qui est constitutive du christianisme et traversera toute son histoire[19]. » En dissociant pouvoir temporel et pouvoir spirituel, le christianisme instaure un pouvoir religieux distinct et rival du pouvoir politique. Rousseau constatera qu'il en a résulté un « perpétuel conflit de juridiction qui a rendu toute bonne politie impossible dans les États chrétiens »[20]. « La division entre le chrétien et le citoyen, commente Pierre Manent, est devenue la division entre l'individu et le membre de la société, l'homme social. Le conflit entre le chrétien et le citoyen est devenu le conflit entre l'individu et la société[21]. »

L'amour chrétien (*agapè*) peut bien mettre l'accent sur l'« amour du prochain », par définition il ne s'arrête jamais à ce prochain. Même s'il peut admettre une hiérarchie des dilections ou légitimer certaines préférences, au plan métaphysique il ne connaît pas de frontières. Le prochain, surtout, n'est pas tant « aimé » pour lui-même qu'en tant qu'il est une créature de Dieu. Il n'est aimé, en d'autres termes, que pour ce par quoi il ne se distingue pas fondamentalement des autres hommes – pour cela même qui le rend semblable aux autres (le fait d'avoir été créé par Dieu). Pierre Manent a bien montré qu'il existe deux façons pour un homme de se sentir lié aux autres hommes. La première oriente tout naturellement la bienveillance vers celui qui en a le plus besoin, par exemple vers celui qui souffre. Le lien entre les hommes relève alors de la compassion. La seconde manière est toute différente : « La relation ne s'adresse pas au corps visible et souffrant, elle s'adresse à quelque chose d'invisible, à l'âme si vous voulez, plus précisément à la *dignité* de la personne[22]. » Cette manière-là est la manière chrétienne. L'universalisme chrétien, étant sans limites, contient en germe tous les développements ultérieurs de l'idée de mêmeté foncière. L'*agapè* annonce déjà l'idéal moderne de bienveillance pratique universelle : tous les êtres humains doivent être traités avec un égal respect auquel leur donne droit leur égale dignité.

L'Église proclame l'universelle fraternité des hommes dans le Christ et leur égalité devant Dieu, mais n'en tire pas, au départ, de message particulier sur l'organisation sociale de l'humanité. Sous l'influence d'Aristote, Thomas d'Aquin continue de professer l'idée d'un cosmos ordonné et de rapporter l'exercice du droit au bien commun. Il n'en reste pas moins que la distinction entre cité de Dieu et cité des hommes, patrie céleste et patrie terrestre, annonce déjà la distinction moderne entre l'homme « naturel » et le citoyen, prolongée par le dualisme société civile/communauté politique (en tant que citoyen, l'homme participe aux affaires publiques, en tant qu'homme privé, membre de la société civile, il vaque à ses affaires et suit ses intérêts sans devoir se soucier des autres).

Une autre étape, décisive, va être franchie avec l'apparition de la notion de droit subjectif. Historiquement, celle-ci est liée à l'essor, au Moyen Âge, de la doctrine nominaliste qui, en réaction contre la théorie des « universaux », prétend qu'il n'y a pas rien d'ontologiquement réel au-delà de l'être singulier, c'est-à-dire qu'il n'existe dans l'univers que des êtres individuels. Cette thèse est affirmée par Guillaume d'Occam dans le cadre d'un célèbre débat théologique portant sur la question de savoir comment on peut justifier le droit de propriété des franciscains, alors que ceux-ci ont fait vœu de pauvreté. « Grand héraut de l'esprit moderne » (Louis Dumont), Guillaume d'Occam va jusqu'à nier l'existence de l'ordre franciscain : il y a seulement des individus, des moines franciscains dispersés dans le monde. On sort du même coup de toute logique communautaire. Seul l'individu étant censé exister, il en résulte que la collectivité n'est plus qu'une juxtaposition d'individus, les droits devenant des pouvoirs individuels naturellement légitimes. Le droit cesse d'être conçu comme une relation d'équité et devient la reconnaissance sociale du pouvoir (*potestas*) de l'individu.

Le nominalisme soutient d'autre part que la loi naturelle n'est pas tant le reflet de l'*ordre* divin que de la *volonté* divine. Un ordre naturel qui indiquerait par lui-même le bien et le mal, argumentent ses partisans, reviendrait à empêcher Dieu de décider souverainement du bien. Compte tenu de l'absolue liberté de Dieu, il s'ensuit qu'aucune nécessité ne s'impose d'elle-même dans la nature, ce qui permet à Guillaume d'Occam de déclarer que le droit n'est pas un juste rapport entre les choses, mais le reflet d'une loi voulue par Dieu. Par là, l'univers se vide déjà de tout sens intrinsèque.

Vient ensuite la Scolastique espagnole qui, sous l'influence notamment de l'augustinisme politique, va ramener la justice et le droit à des normes dérivées de la loi morale[23]. Au XVIe siècle, sous l'influence des deux principaux représentants de l'école de Salamanque, Francisco de Vitoria et Francisco Suarez, la théologie scolastique sépare la « surnature », à laquelle seule donne accès la Révélation, d'une « pure nature » (*natura pura*) qui doit devenir l'objet de la réflexion philosophique. Elle passe ainsi d'une notion de droit naturel objectif fondé sur la nature des choses à une notion de droit naturel subjectif fondé sur la raison individuelle. En même temps qu'il affirme l'unité politique du genre humain, le jésuite Francisco Suarez déclare que le fait social et politique ne saurait s'expliquer par la seule inclination naturelle à la sociabilité : il y faut encore un acte de volonté des hommes, et un accord de leurs volontés. La même idée sera reprise par Pufendorf. Francisco de Vitoria ajoute que « le droit des gens est ce que la raison naturelle a établi entre tous les peuples ». Les droits deviennent alors synonymes d'une faculté individuelle conférée par la loi morale, d'un pouvoir moral de faire.

Avec le droit subjectif, note Michel Villey, l'individu devient « le centre, et l'origine, de l'univers juridique »[24].

Cette évolution, trop rapidement esquissée, permet de saisir la différence fondamentale existant entre le droit naturel classique et le droit naturel moderne. Tandis que la nature dont parlait le premier droit naturel était celle du cosmos qui, en tant que principe extrinséque, définissait une perspective objective, si bien que le droit qui s'en déduisait était un droit lui aussi objectif, le droit naturel moderne est un droit subjectif intégralement déductible du sujet, pure émanation d'un sujet propriétaire de sa liberté. Et les principes qu'il énonce, déduits de la nature rationnelle de l'homme, sont les principes selon lesquels les hommes doivent vivre, indépendamment de l'existence d'une société particulière.

D'un naturalisme cosmologique, on est ainsi d'abord passé à un naturalisme théologique. Puis, dans un second temps, la justification des droits n'a plus été recherchée dans le fait que tous les hommes ont été « créés à l'image de Dieu », mais dans la nature de leur nature. Le droit n'a plus été pensé à partir de la loi divine, mais à partir de la seule nature humaine caractérisée par la raison. Révolution à la fois philosophique et méthodologique, qui va avoir des prolongements politiques d'une ampleur considérable.

Les premiers théoriciens modernes des droits de l'homme argumentent à leur tour à partir de l'idée d'« état de nature », idée que l'on trouvait déjà au XVIe siècle chez le jésuite espagnol Juan de Mariana. « Le droit de nature, assure Hobbes en ouverture du chap. 14 de son *Léviathan*, est la liberté qu'a chacun d'user comme il le veut de son pouvoir propre[25]. » Le droit, écrit-il ailleurs, est « la liberté que chacun a d'user de ses facultés naturelles conformément à la droite raison »[26]. En l'état de nature, le droit est un pouvoir dont l'homme peut user librement. Et l'intérêt est la règle de ce droit. Pour Hobbes comme pour Locke, l'homme est en effet d'abord un être de calcul, qui recherche en permanence son intérêt, son avantage, son utilité. C'est donc parce qu'il pense y trouver un avantage qu'il entre contractuellement en relation avec autrui (pour garantir son droit de propriété selon Locke, pour se prémunir contre l'hostilité omniprésente à l'état de nature selon Hobbes).

Héritier sur ce point du nominalisme, Hobbes écrit aussi : « L'objet, quel qu'il soit, de l'appétit ou du désir d'un homme est ce que pour sa part celui-ci appelle bon[27]. » La formule peut se traduire ainsi : le désir et la volonté de chaque individu déterminent son bien, chaque individu est le souverain juge de son propre bonheur. Le droit naturel moderne ne traite plus d'êtres sociaux, mais d'individus, c'est-à-dire d'hommes qui sont censés se suffire à eux-mêmes. Avec le droit naturel moderne, le droit n'est plus le résultat de *rapports* juridiques, mais devient une *propriété* que possède tout homme « d'user de son pouvoir propre comme il veut lui-même pour la préservation de sa propre nature ». Cette propriété est posée comme liberté, ce qui permettra ensuite d'assimiler la liberté à la liberté de posséder. Les droits naturels sont à la fois une propriété et un pouvoir : ils sont possédés par tout homme qui peut les faire valoir du fait même qu'il les possède. Le droit subjectif, disait Georg Jellinek, est ce qui confère le pouvoir d'imposer aux autres le respect de son vouloir ; ce qui permet, ajoutait Léon Duguit, de poser une volonté comme supérieure à une autre volonté.

« En un sens, précise Charles Taylor, parler d'un droit naturel à la vie ne paraît pas une bien grande nouveauté. [...] On formulait antérieurement ce droit en disant qu'il existait une loi naturelle interdisant d'attenter à une vie innocente. Les deux formulations semblent interdire les mêmes choses. Mais la différence ne repose pas tant sur l'interdit que sur la place du sujet. La loi est ce à quoi je dois obéir. Elle peut me conférer certains avantages, dans ce cas-ci l'immunité qui assure que ma vie, aussi, doit être respectée ; mais fondamentalement, je suis *soumis* à la loi. À l'inverse, un droit subjectif est ce que son possesseur peut et doit faire pour l'actualiser[28]. »

Les premiers droits sont donc avant tout des droits-libertés. L'égalité n'est que la condition requise pour leur effectuation. Cette priorité de la liberté s'explique simplement. La liberté, expression d'un pur être pour soi, incarnation de l'unicité de l'individu, qualifie la nature de l'homme indépendamment de tout lien social. L'égalité est certes un corrélat de la liberté ainsi définie (si chacun est désir libre et absolu d'être soi, il y a identité entre tous), mais, contrairement à la liberté, elle requiert un minimum de vie sociale pour acquérir un sens. À certains égards, comme l'écrit André Clair, elle remplit « la fonction d'un élément de détermination et de transformation de la liberté ; par cette détermination, se forme le lien social »[29].

L'existence des hommes étant censée avoir précédé leur coexistence, il faut alors expliquer le passage de la simple pluralité des individus au fait social. La réponse traditionnelle est le contrat. À la différence de l'alliance au sens biblique, le contrat social, qui trouve significativement son origine dans l'univers du droit privé, est un pacte contracté entre des partenaires égaux. À l'instar du marché, il résulte d'un calcul d'intérêts. La société est censée apparaître sous l'effet d'un rapprochement volontaire d'individus qui n'acceptent rationnellement de se réunir que pour assurer la protection de leurs intérêts et de leurs droits. Pour Locke, le but de toute association politique est économique : « La fin capitale et principale en vue de laquelle les hommes s'associent dans des républiques et se soumettent à des gouvernements, c'est la conservation de leur propriété[30]. » Possédés du fait de la nature, les droits sont d'ailleurs, comme on l'a vu, conçus sur le modèle du droit de propriété. On comprend qu'aux XVIIe et XVIIIe siècles, la théorie des droits ait été l'outil privilégié utilisé par la bourgeoisie pour parvenir à jouer un rôle politique en rapport avec son poids économique.

La doctrine libérale s'en remet pareillement aux lois de l'échange et à l'intervention de la « main invisible » pour assurer l'ordre social. Elle y est contrainte de par ses postulats de départ. L'homme n'étant plus posé comme un être politique et social, seul le marché et le droit peuvent réunir des individus séparés en remplaçant le lien social organique par le libre jeu des intérêts tempéré par la juridicisation croissante des rapports sociaux. L'État libéral se voulant « axiologiquement neutre », la vie sociale se résume ainsi à deux mécanismes impersonnels, à deux *processus sans sujets*, le contrat juridique et l'échange marchand.

Mais du même coup, le politique perd son statut de cause pour devenir un effet. Le fait social n'étant plus que la conséquence d'un contrat passé entre individus, le pouvoir n'est plus organisateur, mais un produit second de la société, une superstructure toujours menaçante pour les membres de la société. Parallèlement, le lien politique se trouve entièrement redéfini sur la base d'une nouvelle norme juridique, correspondant aux droits subjectifs de l'individu. La société civile, enfin, s'identifie à la sphère privée, c'est-à-dire à cette part de la société soustraite à la vie politique, où les individus sont censés pouvoir agir librement. « L'enjeu philosophique du droit naturel moderne, écrit Marcel Gauchet [...] va être la redéfinition du politique selon le sujet, doublement, du côté de l'élément politique, le citoyen, sous l'aspect du sujet de droit individuel, mais aussi du côté de l'ensemble politique, de la communauté politique, sous l'aspect du sujet politique collectif[31]. »

Une triple révolution s'est donc accomplie. D'une part, la notion de volonté s'est substituée à la notion d'ordre. D'autre part, l'individu est passé au centre et le droit est devenu son attribut. Enfin, le droit s'est identifié à la « justice », celle-ci ayant désormais une coloration essentiellement morale. Avec Hobbes et ses successeurs, la vie en société est conçue en vue de l'utilité de chacun au sein d'un monde qui, en tant que totalité unifiée, n'a plus ni valeur intrinsèque, ni signification, ni finalité. Le droit est désormais une propriété individuelle, une qualité inhérente au sujet, une faculté morale qui donne des permissions et autorise à exiger. La raison est prise, fondamentalement, comme simple faculté de calcul. La matière juridique cesse d'être la solution juste (*dikaion*, *id quod bonum est*) pour devenir un ensemble de normes et de conduites sanctionnées. L'État et la loi elle-même ne sont plus que des outils destinés à garantir les droits individuels et à servir les intentions des contractants.

« Ce n'est, écrit encore André Clair, que par un coup de force, à la fois subreptice et violent, que s'est accomplie, au tournant des temps modernes, cette mutation du concept de droit qui a permis d'appliquer ce concept à l'homme ; on a alors compris le droit comme une propriété présente par essence en tout être humain ; au lieu d'être un système de répartition et d'attribution de lots entre les membres d'une société (de sorte qu'il se définissait en priorité en termes de justice distributive), le droit est maintenant conçu, par un complet renversement de sens, comme la faculté, qui doit devenir effective, de tout individu de s'affirmer absolument face à tout autre. Toute philosophie des droits de l'homme est donc une philosophie de la subjectivité, d'une subjectivité certes réputée universelle, mais d'abord reconnue comme individuelle et unique[32]. »

Si les droits de l'homme sont du droit, celui-ci n'a donc plus rien à voir avec ce que l'on entendait par « droit » lorsque celui-ci a été fondé. Le droit naturel classique a été remplacé par un droit naturel moderne, qui argumente à partir de bases théoriques radicalement différentes, et ne trouve plus en face de lui que la platitude et l'insuffisance manifestes du positivisme juridique.

En réalité, comme le démontrent leurs racines théologiques, les droits de l'homme ne sont que du droit contaminé par la morale. Mais d'une morale qui n'a plus rien à voir avec celle des Anciens, dans la mesure où elle ne définit plus ce qu'il est *bon d'être*, mais ce qu'il est *juste de faire*. Le juste précédant et commandant le bien, la morale ne s'intéresse plus à ce qui a de la valeur en soi ou à ce que nous devrions admirer et aimer. Elle ne s'intéresse plus qu'à ce qui est justifiable du point de vue de la raison.

Une telle morale dérive de la notion biblique de « justice ». Elle propose une certaine conception de la « justice » qui, appartenant par définition au règne des fins, ne saurait constituer le but spécifique d'une activité politique déterminée. Bertrand de Jouvenel avait déjà constaté, à propos de l'expression « droit naturel moderne » : « Le mot-clé qui ne figure pas dans l'énoncé est le mot de morale, et c'est à ce substantif élidé que se rapporte l'adjectif "naturel". Lorsqu'on parle de droit naturel, on entend premièrement que le fondement du droit positif se trouve dans la morale[33]. » Les droits de l'homme constituent l'habillage juridique d'une revendication morale de « justice » ; ils expriment une façon juridique de concevoir et d'exprimer cette morale. C'est en ce sens que, comme a pu le dire Arnold Gehlen, la diffusion du discours des droits de l'homme relève de la « tyrannie de l'hypertrophie morale »[34].

Le rêve d'une humanité unifiée, soumise aux mêmes normes et vivant sous la même Loi, forme la toile de fond de ce discours. L'idéologie des droits de l'homme pose cette humanité unifiée à la fois comme une donnée de fait et comme un idéal, comme un être et un devoir-être, autrement dit comme une sorte de vérité en puissance, qui ne se vérifierait et n'apparaîtrait pleinement qu'une fois réalisée. Dans une telle perspective, les seules différences admises sont des « différences à l'intérieur du même » (Marcel Gauchet). Les autres différences sont niées ou rejetées au seul motif qu'elles conduisent à douter du même. L'idée-clé est que les hommes sont partout dotés des mêmes droits parce que, fondamentalement, ils sont partout *les mêmes*. En dernière analyse, l'idéologie des droits de l'homme, vise à soumettre l'humanité entière à une loi morale particulière relevant de l'idéologie du Même.

*

Excursus : L'Église et les droits de l'homme

Les racines théologiques de l'idéologie des droits de l'homme ont été maintes fois décrites. Longtemps pourtant, comme l'a écrit Jacques Maritain, « l'affirmation de droits fondés en eux-mêmes sur les principes chrétiens est apparue comme révolutionnaire à l'égard de la tradition chrétienne »[35]. La raison en est bien connue. Elle réside du point de vue historique dans le caractère rationaliste agressif de la formulation moderne de ces droits en France, dans le climat d'anticléricalisme qui a entouré leur proclamation, ainsi que dans les persécutions antireligieuses de la Révolution qui lui ont fait suite. Du point de vue doctrinal, la critique catholique ne pouvait en outre admettre l'élimination de toute dimension de transcendance impliquée par la subjectivisation intégrale des droits, élimination qui tend à transférer à l'homme un certain nombre de prérogatives divines, ni le fait que cette subjectivisation ouvre la voie à une revendication sans fin qui, n'étant fondée sur aucun étalon, débouche sur le relativisme[36].

Le 10 avril 1791, par la bulle *Quod aliquantum*, le pape Pie VI condamnait expressément la Déclaration des droits de 1789 en accusant les articles qui la composent d'être « contraires à la religion et à la société » et en y voyant un simple désir de rejeter l'« ordre naturel » et de mettre l'homme à la place de Dieu (les droits de l'homme seraient les « droits de l'homme sans Dieu »). Le souverain pontife mettait également en cause une conception selon lui erronée de la liberté, en s'élevant contre la « liberté absolue [...] qui accorde cette licence de penser, de dire, d'écrire et même de faire imprimer en matière de religion tout ce que peut faire suggérer l'imagination la plus déréglée ». Cette condamnation sera renouvelée, sous des formes plus ou moins explicites, durant un siècle exactement. En 1832, par exemple, Grégoire XVI qualifie la théorie des droits de l'homme de « véritable délire », la même opinion étant encore formulée dans l'encyclique *Quanta cura* de 1864.

Les choses commencent à évoluer avec l'encyclique *Rerum novarum* (1891) de Léon XIII. À partir de cette date, sous l'influence notamment de la pensée du P. Luigi Taparelli d'Azeglio, dont l'*Essai théorique sur le droit naturel* (1855) s'employait déjà à donner (ou à redonner) un contenu théologique au droit subjectif, la notion de droits de l'homme commence à s'introduire dans la pensée sociale de l'Église.

Au lendemain de la Deuxième Guerre mondiale, cette évolution s'accélère rapidement. En 1948, le cardinal Roncalli, alors représentant du Vatican à l'Unesco, déclare ainsi voir dans la Déclaration universelle adoptée cette année-là une « véritable charte de l'humanité » dont les articles sont appelés à devenir autant de normes juridiques internationales. Devenu pape sous le nom de Jean XXIII, il dira en 1963, dans l'encyclique *Pacem in terris*, que cette même Déclaration constitue « un pas vers l'établissement d'une organisation juridico-politique de la communauté mondiale » (§ 141). Le 7 décembre 1965, la constitution pastorale *Gaudium et spes*, adoptée dans le cadre du concile de Vatican II, affirme : « L'Église, en vertu de l'Évangile qui lui a été confié, proclame les droits de l'homme, reconnaît et tient en grande estime le dynamisme de notre temps qui, partout, donne un nouvel élan à ces droits ». Trois ans plus tard, Paul VI déclare à son tour : « Parler des droits de l'homme, c'est affirmer un bien commun de l'humanité. » En 1974, devant l'Assemblée générale de l'ONU, il précise : « Le Saint-Siège donne son plein appui moral à l'idéal contenu dans la Déclaration universelle comme à l'approfondissement progressif des droits de l'homme qui y sont exprimés. » Jean-Paul II, dans l'encyclique *Redemptor hominis* (1979), loue « l'effort accompli pour donner vie à l'Organisation des Nations Unies, effort qui tend à définir et à établir les droits objectifs et inaliénables de l'homme en obligeants les États membres à une rigoureuse observance de ces droits », et précise qu'aux yeux de l'Église, « la Déclaration universelle des droits de l'homme est une pierre milliaire sur la route longue et difficile du genre humain ». Benoît XVI, enfin, s'exprimant à son tour à la tribune de l'ONU, le 18 avril 2008, affirme que les droits de l'homme sont « inviolables » et dénonce toute conception de ces droits qui varierait au gré des « conceptions culturelles, politiques, sociales et même religieuses». «Ce ne sont pas seulement les droits qui sont universels, ajoute-t-il, mais également la personne humaine, sujet de ces droits[37].»

Certains milieux traditionalistes catholiques ont bien entendu interprété ce revirement comme un signe parmi d'autres du «ralliement» de l'Église aux «idées modernes»[38]. Bien que ce point de vue contienne une part de vérité, la réalité est un peu plus complexe. S'il ne fait pas de doute que, dans l'idéologie des droits de l'homme, la «nature humaine» remplace la volonté de Dieu, il ne s'ensuit pas que cette idéologie répudie la religion, ainsi que l'avait déjà remarqué Marx dans sa réponse à Bruno Bauer. Le droit d'être religieux et d'exercer un culte est au contraire généralement reconnu. La Déclaration de 1789 ne parle pas de Dieu, mais la Déclaration américaine de 1776, qui se fonde sur les mêmes postulats, parle explicitement du «Créateur». «Il n'en est que plus intéressant, commente Louis Dumont, de voir que les adeptes français de l'homme comme Individu ont été aidés dans la formulation des droits abstraits de l'homme par les puritains du Nouveau Monde. Une fois de plus, la religion chrétienne avait poussé en avant l'Individu[39].»

En déclarant admettre les droits de l'homme, l'Église entend surtout reconnaître (et faire reconnaître) la part qui lui revient dans leur généalogie. Elle n'en souscrit pas pour autant aux aspects qui demeurent à ses yeux contestables de leur formulation actuelle. En d'autres termes, l'approbation de principe donnée désormais par l'Église à la doctrine des droits de l'homme renvoie d'abord à la version chrétienne de ces droits. Comme l'écrit François Vallançon, «l'Église n'est pas plus pour les droits de l'homme que contre. Elle est favorable aux droits de l'homme quand ils sont bien et justement interprétés. Elle leur est hostile quand ils sont mal et injustement interprétés»[40].

Notes

1. Cf. Christine Fauré, *Ce que déclarer des droits veut dire*, PUF, Paris 1997, pp. 17-48. L'ouvrage a été réédité aux Belles Lettres en 2011.

2. Louis Dumont, *Essais sur l'individualisme. Une perspective anthropologique sur l'idée moderne*, Seuil, Paris 1983, p. 102. Thomas Paine estimait déjà que « les droits naturels sont ceux qui appartiennent à l'homme en raison de son existence » et que « les hommes ne tiennent point leurs droits les uns des autres ; chaque individu tient ses droits de lui-même » (*Dissertation sur les premiers principes de gouvernement*, 1795). Il est à cet égard un peu naïf de dire, comme le fait Edouard Delruelle (« Quel universalisme des droits de l'homme ? », texte en ligne), que les droits de l'homme ne sont pas des droits individuels au motif que « le combat pour les droits de l'homme, lui, est collectif ». Des individus qui décident de faire valoir ensemble leurs droits individuels n'en deviennent pas pour autant un être collectif !

3. Ludwig von Mises, « Le libéralisme et l'individualisme méthodologique », in *Liberté économique et progrès social*, avril-juin 1978, p. 28.

4. Robert Kurz, *Avis aux naufragés. Chroniques du capitalisme mondialisé en crise*, Lignes, Paris 2004, p. 144.

5. Karl Marx, *La question juive* [1844], édition bilingue, Aubier, Paris, 1971.

6. Karl Marx, « Introduction de 1857 », in *Grundrisse. Manuscrits de 1857-1858*, vol. 1, Éditions Sociales, Paris, 1980, p. 18.

7. Justine Lacroix et Jean-Yves Pranchère, « Karl Marx fut-il vraiment un opposant aux droits de l'homme ? Émancipation individuelle et théorie des droits », in *Revue française de science politique*, 2012, 3, p. 444.

8. Bertrand Bourgeois, *Philosophie et droits de l'homme*, PUF, Paris 1997, p. 101. Cf. aussi Georg Lohmann, « La critica fatale di Marx ai diritti umani », in *Studi Perugini*, Perugia, janvier-juin 1998, pp. 187-199. Le caractère radical de la critique marxienne des droits de l'homme a pourtant été parfois contesté. Pour certains auteurs, Marx ne critiquerait pas les droits de l'homme en tant que tels, mais seulement leurs réalisation imparfaite (ou mystifiée) et leurs contradictions. Cf. par exemple David Leopold, *The Young Karl Marx. German Philosophy, Modern Politics, and Human Flourishing*, Cambridge University Press, Cambridge 2007. Cf. aussi Justine Lacroix et Jean-Yves Pranchère, art. cit. Nous ne partageons pas cette opinion, qui nous paraît démentie par les textes. On ne peut pas non plus y voir une « erreur de jeunesse », car Marx n'est jamais revenu sur cette critique, que ce soit dans *La Sainte Famille* (1844), la *Critique du programme de Gotha* (1845), *L'idéologie allemande* (1845), mais aussi dans ses écrits ultérieurs comme les *Grundrisse* ou *Le Capital*: « La sphère de la circulation des marchandises, où s'accomplissent la vente et l'achat de la force de travail, est en réalité un véritable Éden des droits naturels de l'homme et du citoyen. Ce qui y règne seul, c'est Liberté, Égalité, Propriété et Bentham ! » (*Œuvres. Économie I*, Gallimard-Pléiade, Paris, 1965, p. 726).

9. Michael Goodhart, « Origins and Universality in the Human Rights Debates : Cultural Essentialism and the Challenge of Globalization », in *Human Rights Quarterly*, 2003, pp. 935-964.

10. Raoul Vaneigem, « Critique de la Déclaration des droits de l'homme », texte en ligne. Du même auteur, cf. *Déclaration des droits de l'être humain. De la souveraineté de la vie comme dépassement des droits de l'homme*, Le Cherche-Midi, Paris, 2001.

11. Xavier Dijon, « Droits de l'homme et libéralisme. La question du pouvoir », in *Études*, septembre 1985, p. 205.

12. Hervé Juvin, « Antiracisme : une juste cause dévoyée à des fins politiciennes », in *Le Figaro*, 17 avril 2015. Cf. aussi Hervé Juvin, *La grande séparation. Pour une écologie des civilisations*, Gallimard, Paris 2013.

13. *De oratore*, I, 42, 188.

14. Cf. aussi Vincent Descombes, *Le complément de sujet*, Gallimard, Paris, 2004.

15. *Le Monde*, Paris, 8 juin 1993, p. 2.

16. « Le droit de la subjectivité à se trouver satisfaite, ou, ce qui est la même chose, le droit de la liberté subjective, écrit Hegel, constitue le point critique et central dans la différence entre l'Antiquité et les temps modernes. Ce droit dans son infinité est exprimé dans le christianisme et y devient le principe universel réel d'une nouvelle forme de monde » (*Principes de la philosophie du droit* [1820], J. Vrin, Paris, 1993, § 124).

17. Michel Villey, *Philosophie du droit*, vol. 1 : *Définitions et fins du droit*, 3e éd., Dalloz, Paris, 1982, p. 131.

18. Olivier Mongin, « Droits de l'homme, une généalogique complexe », in *Projet*, Paris, septembre-octobre 1988, p. 53.

19. Louis Dumont, *Essais sur l'individualisme*, *op. cit.*, p. 40.

20. Jean-Jacques Rousseau, *Du contrat social*, in *Œuvres complètes*, vol. 3, Gallimard, Paris 1991, p. 462.

21. Pierre Manent, « Rousseau critique du libéralisme », in *Histoire intellectuelle du libéralisme. Dix leçons*, Hachette-Pluriel, Paris, 1987, p. 152.

22. Pierre Manent, « L'empire de la morale », in *Commentaire*, Paris, automne 2001, p. 503.

23. On notera que le terme de *justitia* n'est qu'un dérivé relativement tardif du mot latin *jus* : c'est seulement à partir du IVe siècle que le « droit » a été mis en relation avec la « justice » au sens d'une notion philosophique universelle.

24. Michel Villey, *La formation de la pensée juridique moderne*, Montchrétien, Paris, 1975, p. 663.

25. Thomas Hobbes, *Le Léviathan*, Sirey, Paris, 1971, p. 128.

26. Thomas Hobbes, *De cive*, Sirey, Paris, 1981, p. 91.

27. *Le Léviathan*, *op. cit.*, p. 48.

28. Charles Taylor, *Les sources du moi. La formation de l'identité moderne*, Seuil, Paris 1998, pp. 25-26.

29. André Clair, *Droit, communauté et humanité*, Cerf, Paris, 2000, p. 62.

30. John Locke, *Second traité du gouvernement civil*, J. Vrin, Paris, 1985, p. 146.

31. Marcel Gauchet, « Les tâches de la philosophie politique », in *La Revue du MAUSS*, Paris, 1er sem. 2002, p. 282.

32. *Op. cit.*, pp. 63-64.

33. Bertrand de Jouvenel, « L'idée du droit naturel », in *Le droit naturel*, PUF, Paris, 1959, p. 162.

34. Arnold Gehlen, *Moral und Hypermoral. Eine pluralistische Ethik*, Athenäum, Frankfurt/M. 1969, chap. 10 et 11. Une argumentation analogue, fondée sur la critique de l'universalisme moral, a été reprise plus récemment par Hans Magnus Enzensberger (*Civil Wars. From L.A. to Bosnia*, New Press, New York 1994).

35. Jacques Maritain, *Les droits de l'homme*, Desclée de Brouwer, Paris, 1989, pp. 81-82.

36. Cf. Louis de Vaucelles, « Les droits de l'homme, pierre d'achoppement », in *Projet*, Paris, septembre-octobre 1988, pp. 115-128.

37. Sur ce sujet, cf. René Coste, *L'Église et les droits de l'homme*, Desclée, Paris, 1982 ; M. Simoulin, « L'Église et les droits de l'homme », in *Les droits de l'homme*, n° spécial de *Vu de haut*, Fideliter, Escurolles 1988 ; Giorgio Filibeck, *Les droits de l'homme dans l'enseignement de l'Église, de Jean XXIII à Jean-Paul II*, Libreria Editrice Vaticana, Cité du Vatican, 1992 ; Fabian Wittreck, *Christentum und Menschenrechte*, Mohr Siebeck, Tübingen, 2013.

38. Cf. notamment Jean Madiran, *Les droits de l'homme – DHSD*, Éditions de Présent, Maule, 1989 ; *L'envers des droits de l'homme*, Renaissance catholique, Issy-les-Moulineaux, 1993.

39. *Op. cit.*, p. 107

40. « Les droits de l'homme : analyse et critique », in *La Nef*, Montfort L'Amaury, février 1999, p. 26.

À la recherche d'un fondement

Lorsque l'ONU eut décidé, en 1947, de mettre au point une nouvelle Déclaration universelle des droits de l'homme – celle-là même qui allait être solennellement proclamée le 10 décembre 1948, à Paris, par l'Assemblée générale des Nations Unies[1] –, ses dirigeants entreprirent de procéder à une vaste enquête préalable. À l'initiative notamment d'une Commission des droits de l'homme de dix-huit membres, présidée par Eleanor Roosevelt, un comité de rédaction fut chargé de rédiger un texte préliminaire. L'Unesco, de son côté, s'employa à recueillir l'opinion d'un certain nombre d'« autorités morales ». Environ 150 intellectuels de tous les pays (en majorité occidentaux) se virent ainsi demander de déterminer la base philosophique de la nouvelle Déclaration des droits. Cette enquête révéla de vives oppositions ou manifestations de scepticisme émanant de nombreuses autorités morales et intellectuelles, ce qui peut surprendre aujourd'hui[2]. En témoigne le recueil intitulé *Problèmes et aspects des droits de l'homme* qui fut publié le 15 juin 1948, avec une préface de Jacques Maritain, et qui contient notamment les réponses de Benedetto Croce, Aldous Huxley, Gandhi, Teilhard de Chardin, Salvador de Madariaga, Emmanuel Mounier, Harold Laski, John Lewis, etc.

La lecture de ces réponses est révélatrice. Comme on pouvait s'y attendre, les critiques les plus fréquentes portent sur le caractère abstrait des droits de l'homme, sur leur prétendue universalité et sur le découplage des droits et des devoirs. Le philosophe italien Benedetto Croce déclarait ainsi : « Je ne vois même pas comment il pourrait être possible de formuler une déclaration qui constitue un compromis et ne serait pas vide de sens ou arbitraire. Il se peut que vous et vos collègues, quand vous vous mettrez au travail, découvriez la futilité et l'impossibilité de ce travail, et même, si vous me permettez de le dire, le danger de faire sourire les lecteurs de la naïveté des hommes qui ont conçu et formulé une telle déclaration. » Le Mahatma Gandhi écrivait : « J'ai appris de ma mère, illettrée mais fort sage, que tous les droits dignes d'être mérités et conservés sont ceux que donne le devoir accompli. [...] On pourrait montrer que tout autre droit est seulement une usurpation pour laquelle il ne vaut pas la peine de lutter. » L'historien anglais Edward Hallett Carr estimait qu'« aucune déclaration des droits qui ne comporte pas également une déclaration des obligations correspondantes ne peut avoir de réelle signification ». Emmanuel Mounier proposait de rédiger plutôt un « Projet rectifié de déclaration des droits de l'homme et des collectivités ». Le philosophe Filmer Stuart C. Northrop estimait qu'« une déclaration des droits pour tous les pays ne peut être uniquement basée sur les valeurs et les affirmations idéologiques traditionnelles de l'un ou de l'autre d'entre eux ». Le philosophe chinois Chung-Shu Lo rappelait que « l'homme doit s'acquitter de ses devoirs envers les autres plutôt que de revendiquer des droits, tel est le fondement moral des relations sociales et politiques en Chine ». L'anthropologue australien Adolphus Peter Elkin soulignait que « tous les droits de l'homme sont également relatifs, car ils ont pour origine et pour condition les nécessités de la vie en commun qui modèle et alimente la vie personnelle». On pourrait citer d'autres réponses encore, qui montrent combien le discours classique des droits de l'homme était encore loin de faire l'unanimité à cette époque, contrairement à ce que prétendait René Cassin, qui voyait dans la Déclaration de 1948 «le premier document de valeur éthique adopté par l'ensemble de l'humanité au sortir d'une guerre sans exemple»[3].

Dans sa réponse, Jacques Maritain se montrait lui-même sans illusions, déclarant qu'en ce qui concerne les droits de l'homme «un accord *pratique* est possible, [mais] un accord *théorique* est impossible entre les esprits». Il est en effet évident qu'il est difficile de parler de droits de l'homme sans une conception précise de l'homme censé être porteur de ces droits. Or, aucun consensus ne put s'établir sur ce point. Faute d'être parvenu à un accord, on décida donc de renoncer à justifier ce que l'on voulait affirmer. Les auteurs de la Déclaration universelle en rédigèrent le texte dans une vision consensuelle ne correspondant pas à la réalité, mais qui consacrait la conception libérale et individualiste des droits de l'homme. «La Déclaration, constate François Flahaut, devait être acceptée par tous à la condition que personne ne demande ce qui la justifie. Cela revenait à l'imposer d'autorité[4].»

René Cassin avait également coutume de dire que les droits de l'homme reposent «sur un acte de foi dans l'amélioration de l'avenir et du destin de l'homme». Un tel «acte de foi» se justifierait donc par ses finalités. «Ces fins, écrit Julien Freund, nous les posons comme normes, donc nous les affirmons dogmatiquement comme valables et dignes d'être recherchées; elles n'ont pas le caractère apodictique d'une proposition scientifique[5].» Il en résulte que la conception de l'homme sur laquelle repose la théorie des droits relève, non de la science, mais de l'opinion. De ce seul fait, à l'instar d'une religion – toute croyance ne vaut que dans l'exacte mesure où l'on y croit –, ils ne peuvent avoir qu'une validité optative, c'est-à-dire qu'ils ne s'imposent que pour autant que l'on accepte de les voir s'imposer, qu'ils n'ont d'autre validité que celle que l'on décide de leur accorder. « Toute réflexion cohérente sur les droits de l'homme, dit encore Julien Freund, ne peut partir que du fait fondamental suivant : ils n'ont pas été établis scientifiquement, mais dogmatiquement[6]. » « Les droits de l'homme, ajoute François De Smet, ne peuvent échapper à leur qualification d'idéologie. À ce titre, ils sont exposés à la critique[7]. »

La définition même de l'homme dont parle la théorie des droits est moins évidente qu'il y paraît. La preuve en est que bien des « droits de l'homme » n'ont été étendus que progressivement aux femmes et à diverses autres catégories de populations humaines[8]. On peut rappeler, à titre de symbole, que les deux pays occidentaux qui ont le plus longtemps maintenu en vigueur l'institution de l'esclavage, la France et les États-Unis, sont aussi ceux qui furent les premiers à proclamer les droits de l'homme. Plusieurs des rédacteurs de la Déclaration américaine des droits de 1776 étaient d'ailleurs eux-mêmes des propriétaires d'esclaves.

Il n'existe pas non plus de consensus doctrinal ou philosophique quant à la définition des droits. « Une sorte de flou enveloppe la notion même de droits fondamentaux », reconnaît le juriste Jean Rivero[9]. Lorsque l'on parle d'un « droit de l'homme », veut-on dire que ce droit possède une valeur intrinsèque, une valeur absolue ou une valeur instrumentale ? Qu'il est d'une telle importance que sa réalisation doit l'emporter sur toute autre considération, ou qu'il compte seulement parmi les choses indispensables ? Qu'il donne un pouvoir ou un privilège ? Qu'il permet de faire ou qu'il confère une immunité ? Autant de questions, autant de réponses.

Les critiques de la théorie des droits en ont souvent souligné le caractère flou, mais aussi contradictoire. Taine, par exemple, ne décelait dans la Déclaration de 1789 que des « enfilades d'abstractions creuses » : « Vaines disputes de mots, fatras métaphysique, bavardage assommant. [...] La plupart des articles ne sont que des dogmes abstraits, des définitions métaphysiques, des axiomes plus ou moins littéraires, c'est-à-dire plus ou moins faux, tantôt vagues et contradictoires, susceptibles de plusieurs sens et susceptibles de sens opposés, bons pour une harangue d'apparat et non pour un usage effectif, simple décor, sorte d'enseigne pompeuse, inutile et pesante... »[10] Des propos analogues se retrouvent sous la plume de tous les auteurs de la Contre-Révolution.

Qu'il y ait toujours eu désaccord sur la portée et le contenu des droits de l'homme ne saurait être contesté. L'art. 2 de la Déclaration de 1789, par exemple, fait du droit de « résistance à l'oppression » l'un des droits naturels et imprescriptibles[11]. Kant, au contraire, nie l'existence d'un tel droit et va jusqu'à prôner le devoir d'obéissance aux dictatures[12]. Il justifie ce refus en affirmant que le droit ne peut et ne doit jamais s'effectuer que par le droit, ce qui signifie qu'un état juridique n'est possible que par soumission à la volonté législatrice d'un État (Le droit naturel s'inverse ici brusquement en droit positif). La Déclaration de 1789 stipule aussi, à la façon de Locke, que le droit de propriété est « inviolable et sacré ». La Déclaration de 1948 se garde bien de reprendre cette formule à son compte. La plupart des défenseurs des droits des peuples dissocient peuple et État, ce qui est indispensable si l'on veut défendre les droits des minorités. Mais Hans Kelsen, grand théoricien de l'État de droit, refuse expressément cette distinction. Le principe de non-rétroactivité des lois, tenu en 1789 pour un droit imprescriptible, a été abandonné s'agissant des «crimes contre l'humanité». La liberté d'expression, garantie sans condition aux États-Unis au titre des droits de l'homme, ne l'est pas en France, autre «patrie des droits de l'homme», au motif que certaines opinions ne méritent pas d'être considérées comme telles. Il est également possible aux États-Unis de vendre son sang, alors que le droit français rend nul tout contrat onéreux portant sur un produit du corps humain. On pourrait multiplier les exemples.

Les droits de l'homme peuvent aussi se révéler contradictoires entre eux. D'une façon générale, il est fréquent que les droits relevant de la liberté positive entrent en contradiction avec ceux qui relèvent de la liberté négative : le droit au travail, par exemple, peut avoir pour obstacle le droit de propriété ou le droit de libre initiative. La loi française garantit depuis 1975 le droit à l'avortement, mais le texte des lois sur la bioéthique adoptées le 23 juin 1994 à l'Assemblée nationale interdit les expériences sur l'embryon en alléguant la nécessité d'un «respect de l'être humain dès le commencement de la vie». Si l'on estime que l'embryon n'est pas encore un être humain, on voit mal pourquoi il serait interdit d'expérimenter sur lui. Si l'on estime qu'il en est un, on voit mal comment justifier l'avortement.

Comment démêler dans ces conditions les «vrais» droits des «faux» ? Comment empêcher que les «droits de l'homme» ne deviennent une expression passe-partout, simple *flatus vocis* n'ayant que le sens, toujours changeant, qu'on leur attribue en telle ou telle circonstance ? Jean Rivero observe pour sa part que «le paradoxe majeur du destin des droits de l'homme depuis deux siècles est sans doute le contraste entre le dépérissement de leurs racines idéologiques et le développement de leur contenu et de leur audience à l'échelle universelle ? »[13]. C'est une autre façon de dire que plus s'étend le discours des droits de l'homme, et plus s'accroît l'incertitude touchant à leur nature et à leurs fondements.

Or, cette question des fondements se pose de nos jours avec une acuité toute particulière. C'est en effet seulement à date récente, comme on l'a vu, que la problématique des droits de l'homme « a fini par sortir des livres pour se faire histoire effective »[14]. À partir du XIXe siècle, la vogue de la théorie des droits de l'homme avait été ralentie, voire suspendue, sous l'influence des théories historicistes, puis des doctrines révolutionnaires. Penser en termes de mouvement de l'histoire, en termes de progrès, conduisait nécessairement à relativiser l'importance du droit. En même temps, l'avènement du temps de l'histoire entraînait un certain discrédit de l'intemporalité abstraite caractérisant un « état de nature » d'où procéderaient les droits. La chute des régimes totalitaires, le dépérissement des espérances révolutionnaires, la crise de toutes les représentations de l'avenir, et notamment de l'idée de progrès, ont très logiquement coïncidé avec un retour en force de l'idéologie des droits. L'Union européenne leur a donné elle-même une place de premier rang[15], tandis que l'on assiste depuis quelques années, chez des auteurs comme Rawls, Habermas, Dworkin et bien d'autres, à une nouvelle tentative de *fondation en droit* de la communauté politique. La question du fondement des droits de l'homme se trouve donc à nouveau posée[16].

Dans sa version canonique, chez Locke comme chez Hobbes, la théorie des droits « procède par rationalisation mythique de l'origine. Elle projette dans le passé abstrait de l'état de nature, passé hors-histoire, la recherche d'une norme primordiale en elle-même intemporelle quant à la composition du corps politique »[17]. On peut qualifier cette démarche de cognitive-descriptive. Les droits, dans cette optique, sont ce que tous les hommes sont censés « posséder » au seul motif qu'ils sont des hommes. L'individu tient ses droits imprescriptibles de l'« état de nature », comme autant d'attributifs constitutifs de son être. C'est la légitimation classique par la nature humaine.

Cette légitimation apparaît clairement dans les grands textes fondateurs. La Déclaration d'indépendance américaine déclare que tous les hommes ont été « créés égaux » et qu'ils sont pourvus (*endowed*) par leur Créateur d'un certain nombre de droits inaliénables. La Déclaration universelle de 1948 proclame dès son art. 1 : « Tous les êtres humains *naissent* libres et égaux en dignité et en droits. Ils sont *doués* de raison et de conscience. » C'est parce qu'ils sont *naturels* et *innés* que les droits sont inaliénables et imprescriptibles.

De nombreux défenseurs de l'idéologie des droits s'en tiennent aujourd'hui encore à ce raisonnement. Francis Fukuyama, par exemple, affirme que « toute discussion sérieuse sur les droits de l'homme doit se fonder en dernière instance sur une vision des finalités ou des objectifs de l'existence humaine qui, à son tour, doit presque toujours se fonder sur une conception de la nature humaine »[18]. Selon lui, seule « l'existence d'une unique nature humaine partagée par tous les habitants du monde peut fournir, au moins en théorie, un terrain commun pour fonder des droits de l'homme universels »[19]. C'est donc sur elle que doit s'appuyer le langage des droits (*rights talk*) afin d'être « plus universel et plus facilement compris ». Fukuyama ajoute que le discours des droits vaut parce que tous les hommes ont les mêmes préférences, ce qui montre qu'ils sont « en fin de compte fondamentalement les mêmes »[20]. On retrouve ce raisonnement, de type lockéen, chez des conservateurs comme Tibor R. Machan[21], Eric Mack, Douglas Rasmussen ou Douglas J. Den Uyl, dans une perspective qui s'inspire aussi de l'objectivisme libertarien de Ayn Rand.

Cette démarche se heurte à de très grandes difficultés, à commencer par le fait qu'il n'existe pas de consensus sur la « nature humaine ». Au cours de l'histoire, la notion même de « nature » a fait l'objet des définitions les plus contradictoires. Pour les Anciens, la nature humaine ordonne les individus au bien commun. Pour les Modernes, elle légitime leur droit de poursuivre n'importe quelle fin, si bien qu'ils n'ont fondamentalement en commun que ce droit. En outre, une fois qu'on a démontré qu'il existe une nature humaine, on n'a nullement démontré qu'il en découle que l'homme a des droits au sens que la doctrine des droits de l'homme donne à ce mot.

Hegel avait déjà constaté qu'il est difficile d'alléguer la « nature » pour conclure à l'égalité des hommes entre eux : « Il faut dire que, par nature, les hommes sont bien plutôt seulement inégaux[22]. » Les sciences de la vie n'ont pas démenti ce point de vue. L'étude de la nature biologique de l'homme, qui n'a cessé de progresser ces dernières décennies, montre que la « nature » est fort peu égalitaire et surtout que, loin que l'individu soit la base de l'existence collective, c'est bien plutôt la collectivité qui constitue la base de l'existence individuelle : pour Darwin comme pour Aristote, l'homme est d'abord par nature un être social. Dans un article qui a fait grand bruit, Robin Fox a écrit que l'on pourrait d'ailleurs tirer de l'étude de la nature biologique de l'homme des conclusions allant directement à l'encontre de l'idéologie des droits de l'homme, par exemple une légitimation du meurtre, de la vengeance, du népotisme, du mariage arrangé ou du viol : « Il n'y a rien dans les “lois de la nature” qui nous dise qu’un groupe d’individus apparentés génétiquement n’a pas le droit de chercher par tous les moyens à maximiser le succès reproductif de ses membres »[23]. Fox en tirait la conclusion que les « droits naturels » dont parle l’idéologie des droits, soit vont à l’encontre de ce que l’on observe effectivement dans la nature, soit concernent des choses sur lesquelles la nature ne dit strictement rien. On retrouve une conclusion semblable chez Paul Ehrlich[24]. Baudelaire, plus radical, affirmait : « La nature ne peut conseiller que le crime. »

Une autre difficulté tient à la portée de ce que l’on peut tirer d’un constat de fait. La tradition libérale anglo-saxonne n’a cessé d’affirmer, à la suite de David Hume, George Edward Moore, Richard Mervyn Hare et quelques autres, que de l’être on ne saurait tirer un devoir-être : l’erreur du « naturalisme » (*naturalistic fallacy*) consisterait à croire que la nature peut fournir une justification philosophique de la morale ou du droit. Cette affirmation est en fait extrêmement discutable, pour des raisons qu’on n’exposera pas ici. Mais d’un point de vue libéral, elle entre en contradiction avec l’idée que le fondement des droits de l’homme serait à rechercher dans la nature humaine. À supposer même en effet que l’homme ait jamais eu à l’« état de nature » les caractéristiques que l’idéologie des droits lui attribue, si l’on ne peut tirer de l’être un devoir-être, si l’on ne peut passer d’une constatation indicative à une prescription impérative, on ne voit pas comment le constat des « droits » pourrait justifier l’exigence de les préserver. Tel est précisément l’argument que Jeremy Bentham faisait valoir contre les droits de l’homme : compte tenu de la scission du droit et du fait, même si la nature humaine est ce qu’en disent les partisans des droits, on ne saurait en tirer aucune prescription[25]. La même argumentation se retrouve, dans une optique évidemment différente, chez Hans Kelsen comme chez Karl Popper[26]. Elle a été reprise, plus récemment, par Ernest van den Haag[27].

L'idée d'un « état de nature » ayant précédé toute forme de vie sociale, enfin, apparaît aujourd'hui intenable. Certains défenseurs des droits de l'homme le reconnaissent ouvertement. Jürgen Habermas, par exemple, n'hésite pas à dire que « la conception des droits de l'homme doit être libérée du poids métaphysique que constitue l'hypothèse d'un individu donné avant toute socialisation et venant en quelque sorte au monde avec des droits innés »[28]. On tend alors à faire de l'individu isolé une hypothèse rationnelle nécessaire ou une fiction narrative utile. Rousseau évoquait déjà cet état de nature « qui n'a peut-être point existé », mais « dont il est pourtant nécessaire d'avoir des notions justes » (*Discours sur l'origine et les fondements de l'inégalité*). Tout comme le « voile d'ignorance » de John Rawls, l'état de nature serait une « fiction nécessaire » permettant d'imaginer ce que serait la condition des hommes avant qu'ils soient soumis à une forme quelconque d'obéissance, c'est-à-dire avant tout rapport social. On en déduit que dans un tel état, ils seraient « libres et égaux ». C'est évidemment pure spéculation. « Bien entendu, écrit Raymond Aron, les formules comme “les hommes naissent libres et égaux en droit” ne résistent pas à l'analyse : “naître libre”, au sens propre, ne signifie rien »[29].

Le discours des droits de l'homme qui fait aujourd'hui retour est donc beaucoup plus problématique que celui qui s'énonçait à l'époque des Lumières. « Si retour du droit il y a, observe Marcel Gauchet, c'est un droit sans la nature. Nous avons le contenu du droit subjectif sans le support qui a permis de l'élaborer[30]. » Si la nature humaine n'est pas ce qu'on croyait en savoir au XVIIIe siècle, sur quoi fonder la doctrine des droits naturels ? Si l'avènement de la société ne correspond plus à une sortie de l'« état de nature », comment en rendre compte d'une façon qui reste compatible avec la théorie des droits, c'est-à-dire avec une théorie centrée sur l'individu ?

Certains auteurs, comme James Watson, pensent qu'il vaudrait mieux cesser de raisonner en termes de « droits » de l'homme et se borner à parler de « besoins » ou d'« intérêts humains ». Mais cette démarche, qui revient à remplacer l'approche morale par une approche de type utilitariste ou conséquentialiste, se heurte au fait qu'aucun consensus ne peut s'établir sur la valeur des « intérêts » ou sur la hiérarchie des « besoins », compte tenu du caractère éminemment subjectif et intrinsèquement conflictuel de ces notions, qui interdit leur harmonisation spontanée. En outre, les intérêts sont par définition toujours négociables, tandis que les valeurs et les droits ne le sont pas (le droit à la liberté ne se réduit pas à l'intérêt qu'un individu peut avoir à être libre). Enfin, l'utilitarisme ne saurait fonder les droits de l'homme, puisqu'il pose en principe qu'il est toujours légitime de sacrifier certains hommes si ce sacrifice permet d'augmenter la « quantité de bonheur » d'un nombre d'hommes plus important[31].

Une alternative plus ambitieuse est celle de la philosophie kantienne, qui prône une morale fondée sur l'indépendance de la volonté. Le vrai choix moral, affirme Kant, implique la liberté de la volonté, c'est-à-dire un libre vouloir qui s'autodétermine en s'affranchissant de toute causalité naturelle. Définissant comme juste toute action « qui peut faire coexister la liberté de l'arbitre de chacun avec la liberté de tout autre selon une loi universelle »[32], Kant fait de la liberté le seul « droit originaire qui appartient à tout homme en vertu de son humanité ». Dans cette optique, l'essence pure du droit réside dans les droits de l'homme, mais ceux-ci ne se fondent plus sur la nature humaine, mais sur la dignité (*Würde*), valeur qui ne dépend pas des faits contingents et qui doit l'emporter sur toute autre. Respecter la dignité de l'homme, c'est respecter la loi morale qu'il porte en lui. « L'humanité elle-même est une dignité, écrit Kant, car l'homme ne peut être utilisé par aucun homme (ni par d'autres, ni même par lui) simplement comme moyen, mais il faut toujours qu'il le soit en même temps comme une fin, et c'est en cela précisément que consiste sa dignité, grâce à laquelle il s'élève au-dessus de tous les autres êtres du monde qui ne sont pas des êtres humains et qui peuvent en tout état de cause être utilisés, par conséquent au-dessus de toutes les choses[33]. »

Par rapport au précédentes théories des droits de l'homme, le changement de perspective est radical. « À l'origine, rappelle Pierre Manent, les droits de l'homme sont les droits *naturels* de l'homme, ceux qui sont inscrits dans sa nature élémentaire. [...] La dignité humaine, en revanche, se constitue, selon Kant, en prenant une distance radicale ou essentielle par rapport aux besoins et désirs de sa nature[34]. » La théorie morale de Kant est en effet une théorie déontologique, c'est-à-dire qu'elle ne dépend d'aucune proposition substantielle concernant la nature humaine ou les finalités humaines qui découleraient de cette nature. La raison elle-même ne reçoit plus chez lui une définition substantielle, mais une définition purement procédurale, ce qui veut dire que le caractère rationnel d'un agent s'éprouve à sa façon de raisonner, à sa façon de parvenir à un résultat, non au fait que le résultat de son raisonnement est substantiellement exact au sens d'une conformité à un ordre extérieur. Émanant de la seule volonté, la loi morale exprime le statut de l'agent rationnel. C'est un prolongement de la théorie cartésienne d'une pensée « claire et distincte », elle-même dérivée de la conception augustinienne de l'intériorité. Pour Kant, la procédure décisive de la raison est l'universalisation.

Dès lors, non seulement les droits ne dérivent plus de la nature humaine, mais d'une certaine façon ils s'y opposent. Agir moralement, c'est agir par devoir, non par inclination naturelle. La loi morale ne s'impose plus de l'extérieur, elle est prescrite par la raison elle-même. L'ordre naturel ne détermine plus nos finalités et nos objectifs normatifs, nous sommes désormais tenus de produire la loi morale à partir de nous-mêmes. C'est pourquoi Kant recommande, non plus de se conformer à la nature, mais de construire une image des choses en suivant les canons de la pensée rationnelle. La liberté, chez Kant, n'est pas une tendance ou un attribut de la nature humaine, mais l'essence même du vouloir humain – une faculté absolutisée, détachée de toute contingence, faculté permettant de s'arracher à toute forme de déterminisme et dont le seul critère est l'appartenance à l'univers moral de l'humanisme abstrait (Idée assez proche de la doctrine calviniste : la nature humaine est pécheresse, et l'attitude morale consiste à s'affranchir de tout désir ou penchant naturel. On trouvait déjà cette idée chez Platon). L'abstraction des droits de l'homme, hautement revendiquée, met ainsi la nature hors jeu. À la limite, l'humanité se définit comme capacité à s'affranchir de la nature, à s'émanciper de toute détermination naturelle, puisque toute détermination donnée en amont de soi contredit l'indépendance de la volonté.

Cette théorie, que l'on retrouve chez un John Rawls[35] et de nombreux autres auteurs libéraux, s'expose à un reproche bien connu : les principes ayant été posés a priori, comment peut-on être sûr qu'ils s'appliquent à la réalité empirique ? Et comment concilier la mise hors jeu de la nature humaine avec les acquis des sciences de la vie, qui en établissent la réalité avec toujours plus de force[36] ?

Hegel avait déjà souligné que l'universalisme kantien, faute de prendre en compte l'éthicité sociale (*Sittlichkeit*), c'est-à-dire l'ensemble des obligations morales envers la communauté à laquelle on appartient qui résultent du seul fait d'y appartenir – obligations largement fondées sur des coutumes et des pratiques établies, des modes de vie et des valeurs partagés –, est incapable de fournir des normes concrètes pour l'action. Restant impuissant à fixer des contenus au devoir et à distinguer les actions moralement bonnes, il ne parvient pas à se départir d'un subjectivisme formel. L'autonomie morale n'est ainsi acquise qu'au prix du vide : l'idéal d'arrachement renvoie à une liberté recherchée par elle-même, à une liberté sans contenu. Mais le même idéal renvoie aussi à un certain ethnocentrisme, car il ne saurait y avoir de droits formels et procéduraux qui n'impliquent pas de façon subreptice un contenu substantiel : « La déclaration de droit est aussi une affirmation de valeur » (Charles Taylor). Les éthiques libérales se caractérisent communément par la recherche d'un principe formel, axiologiquement neutre, qui puisse constituer un critère universalisable. Mais cette neutralité axiologique est toujours artificielle.

Quant à la raison, elle ne peut elle aussi que rester muette sur ses propres fondements. Alasdair MacIntyre a montré qu'elle n'est jamais neutre ou intemporelle, mais au contraire toujours liée à un contexte culturel et social-historique[37]. La raison kantienne croit pouvoir connaître une loi universelle, c'est-à-dire un monde qui lui serait extérieur, alors qu'elle ne peut jamais la produire qu'à partir d'elle-même. Toujours tributaire de ses incarnations particulières, elle est indissociable d'une pluralité de traditions.

La notion même de dignité n'est pas moins équivoque. On sait que les théoriciens modernes des droits de l'homme, même lorsqu'ils ne se réfèrent pas explicitement à la philosophie de Kant, en font toujours grand usage[38]. Le mot « dignité », absent de la Déclaration des droits de 1789, figure au préambule de la Déclaration universelle de 1948, qui évoque expressément « la dignité inhérente à tous les membres de la famille humaine ». Cette dignité est évidemment le propre d'une humanité abstraite. Elle « se rattache toujours à l'humanité intrinsèque affranchie de toute règle ou norme imposée socialement », écrit Peter Berger, qui rappelle qu'historiquement, la dignité, attribuée à tous, a remplacé l'honneur, seulement présent chez quelques uns[39].

Dans son acception actuelle, le terme possède une certaine résonance religieuse. L'idée d'une dignité égale en tout homme n'appartient en effet ni au langage juridique ni au langage politique, mais au langage moral. Dans la tradition biblique, la dignité a un sens précis : elle élève l'homme au-dessus du reste de la création, elle lui assigne un statut séparé. Elle le pose, en tant que seul titulaire d'une âme, comme radicalement supérieur aux autres vivants[40]. Elle a aussi une portée égalitaire, puisque nul homme ne saurait être regardé comme plus ou moins digne qu'un autre. Cela signifie que la dignité n'a plus rien à voir avec les mérites ou les qualités qui sont propres à chacun, mais qu'elle constitue déjà un attribut de la nature humaine. Cette égalité est à nouveau mise en rapport avec l'existence d'un Dieu unique : tous les hommes sont « frères » parce qu'ils ont le même Père (Malachie, 2, 10), parce qu'ils ont tous été créés « à l'image de Dieu » (Gen. 9, 6). Comme le dit la Mishna : « L'homme fut créé en un exemplaire unique afin que nul ne dise à l'autre : mon père est supérieur au tien » (Sanhedrin, 4, 5). Tout en insistant sur l'amour plus que sur la justice, le christianisme a repris la même idée à son compte : la dignité est d'abord le titre par lequel l'homme peut à bon droit être posé comme le maître de l'inanimé et du vivant non humain, le centre souverain de la création.

Chez Descartes, l'affirmation de la dignité humaine se développe à partir de la valorisation de l'intériorité comme lieu d'autosuffisance, comme lieu du pouvoir autonome de la raison. Chez les Modernes, la dignité est toujours un attribut, mais au lieu que cet attribut soit reçu de Dieu, il devient un trait caractéristique que l'homme tient d'emblée de sa nature. Enfin, chez Kant, la dignité est directement associée au respect moral. « On pourrait dire, écrit Pierre Manent, que la conception kantienne est une radicalisation, et donc une transformation, de la conception chrétienne que saint Thomas en particulier avait mise au point. Si, pour saint Thomas, la dignité humaine consiste à obéir librement à la loi naturelle et divine, elle consiste pour Kant à obéir à la loi que l'homme se donne à lui-même[41]. »

Quel que soit le sens qu'on lui donne, la dignité devient en fait problématique dès lors qu'on la pose comme un absolu. On comprend ce que veut dire être « digne de », relativement à telle ou telle chose, mais « digne » en soi ? La dignité telle que la conçoit la théorie des droits est-elle un droit ou un fait ? Une qualité de la nature ou de la raison ? Chez les Romains, la *dignitas* était une vertu au même titre que la *gravitas* ou la *pietas*. Elle était étroitement liée à un rapport de comparaison, nécessaire pour déterminer les qualités qui faisaient que l'on méritait quelque chose, qu'on en était digne. Cicéron : « *Dignitas est alicujus honesta et cultu et honore et verecundia digna auctoritas*[42]. » Dès lors, la dignité ne pouvait pas être présente également en chacun, puisqu'elle s'apparentait au mérite : il y avait ceux qui en faisaient preuve, face aux épreuves et aux revers de la vie par exemple, et ceux qui en étaient incapables[43]. Chez Montesquieu, la dignité dénote encore la distinction et, en ce sens, elle s'oppose à l'égalité. La dignité moderne, au contraire, est un attribut qui ne saurait faire l'objet d'un plus ou d'un moins, puisqu'elle est le fait de tous. Tout homme est réputé détenteur d'une « dignité » inhérente à sa personne, que cette personne s'appelle Staline, Hitler ou Mère Teresa. L'homme qui est digne ne s'oppose plus à l'homme qui est indigne, et la « dignité de l'homme » devient un pléonasme, puisque c'est le fait d'être un homme, quel qu'il soit, qui rend digne. Cependant, si l'homme doit être respecté en raison de sa dignité et que ce qui fonde sa dignité est son droit au respect, on est dans un raisonnement circulaire[44]. Enfin, si tout le monde est digne, c'est comme si personne ne l'était : les facteurs de distinction doivent seulement être recherchés ailleurs.

Conscients des difficultés que soulève la légitimation des droits de l'homme par la nature humaine, les héritiers modernes de Kant[45] abandonnent toute démarche de type cognitiviste pour adopter une approche prescriptiviste. Mais alors, en toute rigueur, les droits qu'ils défendent ne sont plus des droits. Ce sont seulement des exigences morales, des « idéaux humains », qui ne représentent au mieux que ce que l'on a besoin de poser comme des droits pour parvenir à un état social jugé, à tort ou à raison, comme désirable ou meilleur. Ils perdent alors toute vertu contraignante, car des idéaux ne confèrent par eux-mêmes aucun droit[46].

Une autre façon de fonder les droits de l'homme consiste à les faire reposer sur l'appartenance à l'espèce humaine. L'humanité, comme dans la Bible, est alors présentée comme une « grande famille », dont tous les membres seraient « frères ». Ceux qui adoptent cette démarche font observer que tous les hommes sont apparentés les uns aux autres, du fait de leur appartenance commune à l'espèce humaine. Ils affirment ensuite que c'est sur la base de cette parenté qu'on doit leur attribuer ou leur reconnaître les mêmes droits. André Clair propose ainsi de faire reposer les droits de l'homme, non sur l'égalité ou la liberté, mais sur le « tiers droit » de la fraternité. Du même coup se trouverait désamorcée la charge individualiste de la théorie classique des droits : « Si l'on pense la fraternité en relation avec la paternité, on se trouve engagé dans une problématique nouvelle, qui n'est plus celle des droits de l'homme au sens habituel (subjectif), mais celle de l'enracinement dans une lignée ou une tradition[47]. »

Cette démarche est intéressante, mais elle se heurte à son tour à d'insurmontables difficultés. Tout d'abord, elle contredit à angle droit la doctrine selon laquelle les droits de l'homme sont fondamentalement des droits individuels, la source de ces droits étant l'individu considéré par lui-même, non en fonction de son histoire, de son appartenance ou de son héritage. Or, de la seule appartenance à l'espèce il est évidemment plus aisé de tirer des droits collectifs que des droits de l'individu. À cette contradiction s'en ajoute une autre, dans la mesure où la fraternité se définit avant tout, non pas comme un droit, mais comme un devoir qui ne s'appréhende que sur le mode normatif du rapport à autrui : dire que tous les hommes sont frères veut seulement dire qu'ils doivent tous se regarder comme tels.

La vulgate idéologique des droits de l'homme stipule explicitement que les droits dont elle parle sont ceux de l'homme en soi, c'est-à-dire d'un homme dessaisi de toutes ses appartenances. Il s'en déduit que le statut moral (les droits) ne peut jamais être fonction de l'appartenance à un groupe. Or, l'humanité constitue bel et bien un groupe.

La question est alors de savoir pourquoi on reconnaît à ce groupe une valeur morale qu'on dénie aux instances infraspécifiques, pourquoi l'on affirme que toutes les appartenances doivent être tenues pour nulles tout en en considérant une, l'appartenance à l'humanité, comme décisive. Jenny Teichmann, qui fait partie des auteurs qui cherchent à faire reposer les droits sur l'appartenance à l'espèce humaine, écrit qu'« il est naturel pour des êtres grégaires de préférer les membres de leur propre espèce, et les humains ne font pas exception à cette règle »[48]. Mais pourquoi cette préférence, légitime au niveau de l'espèce, ne le serait-elle pas aussi à d'autres niveaux ? Si les agents moraux sont habilités à octroyer un traitement préférentiel sur la base de la proximité relative créée par une appartenance commune à l'humanité, ou par le type particulier de relations qui en résulte, pourquoi cette attitude ne pourrait-elle pas être généralisée ? On peut certes répondre que l'appartenance à l'espèce prime les autres parce qu'elle est la plus vaste, qu'elle englobe toutes les autres. Cela n'explique pas pourquoi toutes les appartenances possibles devraient être délégitimées au profit de celle qui les surclasse, ni pourquoi ce qui est vrai à un certain niveau cesserait de l'être à un autre.

La définition biologique de l'homme comme membre de l'espèce humaine (on sait en fait aujourd'hui qu'il en a existé plusieurs) est en outre tout aussi conventionnelle ou arbitraire que les autres : elle repose sur l'unique critère de l'interfécondité spécifique. On a donc tenté d'aller au-delà, en faisant valoir que ce n'est pas seulement parce qu'ils appartiennent à une autre espèce que les hommes se distinguent du reste des vivants, mais aussi et surtout par tout un ensemble de capacités et de caractéristiques qui leur sont propres. L'inconvénient est que, quelle que soit la capacité ou la caractéristique retenue, il est peu probable qu'elle se trouve également présente en chacun. Définir par exemple l'appartenance à l'espèce humaine par la conscience de soi ou la capacité à se poser soi-même en sujet de droit, pose immédiatement le problème du statut des enfants en bas-âge, des vieillards séniles et des handicapés profonds.

C'est précisément cette contradiction que n'ont pas manqué d'exploiter ceux qui militent pour les « droits des animaux », voire pour l'octroi des droits de l'hommes aux grands singes. Dénonçant comme « spéciste » la doctrine selon laquelle seuls les hommes devraient être reconnus comme titulaires de droits, ils estiment qu'il n'y a rien de moral à attribuer un statut moral particulier à des êtres vivants sur la seule base de leur appartenance à un groupe, en l'occurrence l'espèce humaine. Ils affirment d'autre part que les grands singes appartiennent à la « communauté morale » dans la mesure où ils possèdent, au moins à l'état rudimentaire, des caractéristiques (conscience de soi, sens moral, langage élémentaire, intelligence cognitive) que certains humains « non paradigmatiques » (handicapés profonds, demeurés, séniles, etc.) ne possèdent pas ou ne possèdent plus. Ils retournent en d'autres termes contre les partisans de la théorie classique des droits de l'homme l'argument utilisé par ces derniers pour discréditer les appartenances infraspécifiques[49].

« Attribuer une valeur spéciale ou des droits spéciaux aux membres de l'espèce humaine au seul motif qu'ils en sont membres, écrit ainsi Elvio Baccarini, est une position moralement arbitraire, qui ne se distingue pas du sexisme, du racisme ou de l'ethnocentrisme[50]. » « Sommes-nous disposés, ajoute Paola Cavalieri, à dire que la parenté génétique qu'implique l'appartenance à une même race justifie d'accorder un statut moral particulier aux autres membres de sa race ? La réponse à l'évidence négative conduit donc à rejeter la défense de l'humanisme fondé sur la parenté[51]. »

La réponse classique à ce type d'arguments, qui reposent sur la déconstruction de la notion d'humanité par recours à l'idée de continuité biologique entre les vivants, est que les animaux peuvent être des objets de droit (nous avons des devoirs envers eux), mais non des sujets de droit. Une autre réponse consiste à approfondir la notion de spécificité humaine, une troisième à pousser le raisonnement jusqu'à l'absurde : pourquoi s'arrêter aux grands singes et ne pas attribuer les mêmes « droits » aux félins, aux mammifères, aux insectes, aux paramécies[52] ? Le débat ne peut en fait que tourner court dans la mesure même où le problème est posé en termes de « droits ».

Le pape Jean-Paul II, dans l'encyclique *Evangelium vitæ*, affirme pour sa part que tous les hommes et seuls les hommes sont titulaires de droits, car ils sont les seuls êtres capables de reconnaître et d'adorer leur Créateur. Cette affirmation, outre qu'elle repose sur une croyance qu'on n'est pas obligé de partager, se heurte à l'objection déjà mentionnée plus haut : de toute évidence, ni les nouveaux-nés, ni les vieillards atteints de la maladie d'Alzheimer, ni les grands malades mentaux ne sont capables « de reconnaître et d'adorer » Dieu.

Certains auteurs n'en estiment pas moins nécessaire de reconnaître que le fond de l'idéologie des droits de l'homme est inévitablement religieux. Michael J. Perry, par exemple, écrit qu'il n'y a aucun raison positive de défendre les droits de l'homme si l'on ne pose pas d'emblée que la vie humaine est « sacrée »[53]. Cette affirmation laisse songeur quand elle émane, ce qui n'est pas rare, d'athées déclarés. Alain Renaut s'est moqué, non sans raison, de ces théoriciens qui, après avoir décrété la « mort de l'homme », n'en défendent pas moins les droits de l'homme, c'est-à-dire les droits d'un être dont ils ont eux-mêmes proclamé la disparition[54].

Le spectacle de ceux qui professent le caractère « sacré » des droits de l'homme tout en se flattant d'avoir supprimé toute forme de sacré dans la vie sociale, n'est pas moins cocasse.

Tout à l'opposé, certains pensent au contraire que la défense des droits de l'homme n'a besoin d'aucun fondement métaphysique ou moral. Pour Michael Ignatieff, il est inutile de chercher dans la nature humaine une justification des droits, pas plus qu'il n'est nécessaire de dire que ces droits sont « sacrés »[55]. Il suffit de prendre en compte ce que les individus estiment en général être juste. William F. Schulz, ancien directeur exécutif d'Amnesty International, assure lui aussi que les droits de l'homme ne sont rien d'autre que ce que les hommes déclarent être des droits[56]. Alan John Mitchell Milne, dans un esprit voisin, tente de fonder les droits de l'homme sur un « standard minimum » déterminé par certaines exigences morales propres à toute vie sociale[57]. Rick Johnstone écrit que « les droits de l'homme ne "gagnent" pas parce qu'ils sont "vrais", mais parce que la plupart des gens ont appris qu'ils sont meilleurs que d'autres »[58]. Ces propositions modestes, de caractère pragmatique, sont peu convaincantes. Considérer que les droits ne sont rien d'autre de ce que les gens estiment être tels revient à dire que les droits sont d'une nature purement subjective et procédurale. Le risque est alors grand de faire fluctuer la définition des droits au gré des opinions arbitraires de chacun. Cela revient du même coup à transformer les droits naturels en vagues idéaux ou en droits positifs. Or, les droits positifs sont encore moins « universaux » que les droits naturels, puisqu'ils procèdent d'un pouvoir politique et que c'est bien souvent au nom d'un droit positif particulier que le discours des droits de l'homme a été récusé.

Guido Calogero estime, lui, que l'idée de *fondement* des droits de l'homme doit être abandonnée au profit de celle de justification argumentative[59]. Mais il admet que cette proposition est elle aussi peu satisfaisante, car elle fait dépendre la « vérité » des droits de l'homme de la seule capacité d'argumentation des interlocuteurs, celle-ci restant toujours suspendue à d'éventuels arguments nouveaux. La recherche de la justification des droits de l'homme se ramène alors à la recherche argumentée d'un consensus intersubjectif, et donc nécessairement provisoire, dans une optique qui n'est pas sans rappeler l'éthique communicationnelle de Jürgen Habermas[60].

Norberto Bobbio, enfin, soutient qu'une fondation philosophique ou argumentative des droits de l'homme est tout simplement impossible, et de surcroît inutile[61]. Il justifie cette opinion en constatant que les droits de l'homme, loin de former un ensemble cohérent et précis, ont eu historiquement un contenu variable. Il admet aussi que nombre de ces droits peuvent se contredire entre eux, et que la théorie de droits de l'homme se heurte à toutes les apories du fondationnisme, car aucun consensus ne pourra jamais s'établir sur les postulats initiaux. Un point de vue assez proche a été émis par Chaïm Perelman. « Toute justification idéologique d'une universalité des droits de l'homme est sans issue », écrit de son côté François Jullien[62].

Qu'on allègue la nature humaine ou la raison, la dignité de l'homme ou sa simple appartenance à l'humanité, la difficulté à fonder les droits de l'homme se révèle donc insurmontable. Or, si les droits de l'homme ne peuvent être fondés en vérité, leur portée s'en trouve fortement limitée : ce qu'ils peuvent avoir de juste se trouve ruiné d'emblée par l'incapacité à démontrer la vérité de leurs fondements. Ils ne sont plus que des « conséquences sans prémisses », comme aurait dit Spinoza. Dans ces conditions, la défense des droits de l'homme doit se borner à une attitude incantatoire, qu'on espère rendre performative : à force d'affirmer l'existence des droits, ils finiront bien par exister. On entretient ainsi le flou en adoptant une sorte de minimalisme théorique appuyé sur la « morale » : « Son idéologie consensuelle, remarque Marcel Gauchet à propos de l'idéologie des droits de l'homme, est d'autant mieux venue qu'elle cultive la posture oppositionnelle et s'en tient à l'évidence du scandaleux. De là, le confort d'une position qui s'en prend volontiers, avec superbe, à toute réflexion sur eux[63]. » Au bout du compte, la théorie se ramène à dire qu'il est préférable de ne pas subir d'oppression, que la liberté vaut mieux que la tyrannie, qu'il n'est pas bien de faire du mal aux gens, et que les personnes doivent être considérées comme des personnes plutôt que comme des objets, toutes choses qu'on ne saurait contester. Un tel détour était-il nécessaire pour en arriver là ?

Notes

1. La Déclaration universelle de 1948 comprend 30 articles, contre 13 pour celle de 1789. Les droits qu'elle énonce ne sont pas « reconnus », mais « proclamés ». Sa grande particularité est de prendre en compte un certain nombre de droits sociaux et des sujets aussi variés que le niveau de vie, la protection des droits d'auteur, la vie culturelle, le droit de se marier, les « justes exigences de la morale », le « développement des relations amicales entre nations », etc. Alors que les droits de 1789 visaient principalement à protéger les hommes contre les abus de l'État, ces droits sociaux sont délibérément placés sous la tutelle des États, ceux-ci se voyant évidemment interdire « de se livrer à une activité ou d'accomplir un acte visant à la destruction des droits ». L'article 29-3 précise que tous ces droits « ne pourront en aucun cas s'exercer contrairement aux buts et aux principes des Nations Unies ».

2. Cf. Arnaud Imatz, « Une Déclaration des droits de l'homme pas très "universelle" », in *La Nouvelle Revue d'histoire*, septembre-octobre 2014.

3. Cité par Gérard Israël, *René Cassin*, Bruylant, Bruxelles 2007, p. 201.

4. François Flahaut, *Le sentiment d'exister. Ce soi qui ne va pas de soi*, Descartes et Cie, Paris 2002, p. 453. Certaines contributions au débat ouvert par l'Unesco ont été publiés en anglais en 1949 (*Comments and Interpretations*) avec une présentation de Jacques Maritain. L'ouvrage a été réédité par l'Unesco en 1973.

5. Julien Freund, *Politique et impolitique*, Sirey, Paris 1987, p. 192.

6. *Ibid.*, p. 189.

7. François De Smet, *Les droits de l'homme. Origines et aléas d'une idéologie moderne*, Cerf, Paris, 2001, p. 7.

8. Sur l'extension tardive des droits de l'homme aux femmes, cf. notamment Xavier Martin, *L'homme des droits de l'homme et sa compagne*, Dominique Martin Morin, Bouère, 2001.

9. In Louis Favoreu (éd.), *Cours constitutionnelles européennes et droits fondamentaux*, Presses universitaires d'Aix-Marseille, Aix-en-Provence, et Economica, Paris, 1982, p. 521.

10. Hippolyte Taine, *Les origines de la France contemporaine. La Révolution*, vol. 1, Hachette, Paris, 1878, p. 274.

11. On voit cependant mal comment un tel droit pourrait résulter de la nature purement individuelle de l'homme, étant donné qu'il ne saurait y avoir d'« oppression » en dehors d'une société politique établie.

12. Cf. « Sur le lieu commun : c'est peut-être vrai en théorie, mais en pratique cela ne vaut point », in Emmanuel Kant, *Œuvres philosophiques*, vol. 3, Gallimard-Pléiade, Paris, 1986, vol. 3, p. 265.

13. Jean Rivero, *Les droits de l'homme : droits individuels ou droits collectifs ? Actes du Colloque de Strasbourg des 13 et 14 mars 1979*, Librairie générale de droit et de jurisprudence, Paris, 1980, p. 21.

14. Marcel Gauchet, « Les tâches de la philosophie politique », in *La Revue du MAUSS*, Paris, 1er sem. 2002, p. 279.

15. Le traité de Maastricht (1992) stipulait que l'Union européenne « respecte les droits fondamentaux tels qu'ils sont garantis par la Convention européenne de sauvegarde des droits de l'homme et des libertés fondamentales signée à Rome le 4 novembre 1950 ». Le traité d'Amsterdam (1997) a fait un pas de plus, en ajoutant que « l'Union européenne est *fondée*, notamment, sur le principe du respect des droits de l'homme et des libertés fondamentales ». La Communauté européenne avait par ailleurs envisagé d'adhérer à la Convention européenne des droits de l'homme. Mais un arrêt rendu par la Cour de justice européenne en date du 28 mars 1996 a conclu qu'« en l'état actuel du droit communautaire, la Communauté n'a pas compétence pour adhérer à la Convention ». Une telle adhésion aurait eu pour conséquence de placer les institutions communautaires sous la tutelle juridique de la Convention – à commencer par la Cour de justice de Luxembourg, qui se serait retrouvée dans la dépendance de la Cour de Strasbourg. C'est la raison pour laquelle l'Union européenne, adoptant une solution de rechange, a décidé d'énoncer une liste de

« droits fondamentaux » protégés par l'ordre juridique communautaire. Cette Charte des droits fondamentaux de l'Union européenne, adoptée par le Conseil européen en l'an 2000, comprend 54 articles précédés d'un préambule. Son contenu révèle un vaste syncrétisme d'inspirations. Quant à sa valeur juridique concrète, elle reste pour l'instant assez floue. La question de savoir si la Charte pourra être invoquée devant le juge national, notamment, n'a pas été tranchée.

16. Cf. notamment Institut international de philosophie (éd.), *Les fondements des droits de l'homme. Actes des entretiens de l'Aquila, 14-19 septembre 1964*, Nuova Italia, Firenze, 1966 ; Mauricio Beuchot, *Los derechos humanos y su fundamentación filosófica*, Universidad Iberoamericana, México, 1997.

17. Marcel Gauchet, *art. cit.*, p. 288.

18. Francis Fukuyama, « Natural Rights and Natural History », in *The National Interest*, New York, été 2001, p. 19.

19. *Ibid.*, p. 24.

20. *Ibid.*, p. 30.

21. Tibor R. Machan, *Individuals and Their Rights*, Open Court, La Salle [Illinois], 1990.

22. Georg Wilhelm Friedrich Hegel, *Encyclopédie des sciences politiques*, § 539, J. Vrin, Paris, 1988, p. 314.

23. « Human Nature and Human Rights », in *The National Interest*, New York, hiver 2000-01, p. 81. Cf. aussi Robin Fox, « Human Rights and Foreign Policy », in *The National Interest*, New York, été 2002, p. 120.

24. Paul Ehrlich, *Human Natures. Genes, Cultures, and the Human Prospect*, Island Press, Washington, 2000.

25. Bentham en concluait que les droits naturels n'ont jamais eu d'existence : « Là où il n'y a point de lois, il n'y a pas point de droits ». En outre, ajoutait-il, « si la notion de droits naturels est fausse, celle de droits imprescriptibles tombe nécessairement [...] car déclarer des droits imprescriptibles, c'est annoncer qu'on veut enchaîner ses successeurs, et imprimer à ses lois le caractère d'une perpétuité » (texte cité in Frédéric Worms, éd., *Droits de l'homme et philosophie Une anthologie (1789-1914)* [1993], CNRS Éditions, Paris, 2009, pp. 153-157). Dans son essai intitulé *Des droits individuels* (1818), Benjamin Constant lui rétorquera que « vouloir soumettre le droit à l'utilité, c'est vouloir soumettre les règles éternelles de l'arithmétique à nos intérêts de chaque jour ».

26. Karl Popper, *La société ouverte et ses ennemis* [1953], Seuil, 1979. Popper estime que prendre exemple sur la nature conduit immanquablement au holisme.

27. Ernest van den Haag, « Against Natural Rights », in *Policy Review*, hiver 1983, pp. 143-175.

28. Jürgen Habermas, « Le débat interculturel sur les droits de l'homme », in *L'intégration républicaine*, Fayard, Paris, 1998, p. 252.

29. Raymond Aron, « Pensée sociologique et droits de l'homme », in *Études sociologiques*, PUF, Paris, 1988, p. 229.

30. *Art. cit.*, p. 288.

31. Sur la critique des droits de l'homme par Jeremy Bentham, le fondateur de l'utilitarisme, cf. Jeremy Waldron (ed.), *« Nonsense Upon Stilts ». Bentham, Burke and Marx on the Rights of Man*, Methuen, London 1987 ; Hugo Adam Bedau, « "Anarchical Fallacies" : Bentham's Attack on Human Rights », in *Human Rights Quarterly*, février 2000, pp. 261-279.

32. Emmanuel Kant, *Métaphysique des mœurs*, vol. 2, *Doctrine du droit, doctrine de la vertu*, Flammarion, Paris, 1994, p. 17.

33. Ibid., p. 333.

34. Pierre Manent, « L'empire de la morale », in *Commentaire*, Paris, automne 2001, p. 506.

35. À ceci près que, comme bien d'autres tenants d'une morale déontologique (Ronald Dworkin, Bruce Ackerman, etc.), Rawls réintroduit subrepticement dans son discours un certain nombre de considérations renvoyant malgré tout à la nature humaine (en particulier lorsque, évoquant l'hypothétique « voile d'ignorance » qui caractériserait la « position originelle », il prête à l'homme une tendance innée à refuser le risque).

36. Sous l'influence de Kant ou de l'empirisme de la table rase, nombreux sont les auteurs qui en sont venus à nier tout simplement l'existence d'une nature humaine. C'est notamment le cas des théoriciens de l'idéologie du genre (*gender*), qui contestent que les bases de l'identité sexuelle résident essentiellement dans la biologie et la physiologie du sexe. Cf. l'ouvrage très critique de Steven Pinker, *The Blank State. The Modern Denial of Human Nature* (Viking Press, New York, 2002 ; trad. fr. : *Comprendre la nature humaine*, Odile Jacob, Paris 2005), qui a donné lieu dans les pays anglo-saxons à un débat de grande ampleur. Pinker voit dans la nature humaine, qu'il veut réhabiliter, un véritable « tabou moderne ».

37. Alasdair MacIntyre, *Quelle justice ? Quelle rationalité ?*, PUF, Paris, 1993.

38. Cf. notamment Myres S. McDougal, Harold D. Lasswell et Lung-chu Chen, *Human Rights and World Public Order*, Yale University Press, New Haven, 1980.

39. « On the Obsolescence of the Concept of Honour », in Stanley Hauerwas et Alasdair MacIntyre (ed.), *Revisions*, University of Notre Dame Press, Notre Dame, 1983.

40. Cf. Alain Goldmann, « Les sources bibliques des droits de l'homme », in Shmuel Trigano (éd.), *Y a-t-il une morale judéo-chrétienne ?*, In Press, Paris, 2000, pp. 155-164.

41. *Art. cit.*, p. 505.

42. *De l'invention*, 2, 166.

43. Un lointain écho de cette hiérarchie se retrouve dans la théologie chrétienne quand elle distingue la « dignité parfaite » des chrétiens et la « dignité imparfaite » des non-baptisés.

44. Cf. Jacques Maritain, *Les droits de l'homme*, Desclée de Brouwer, Paris, 1989, pp. 69-72.

45. Citons par exemple Abraham Irving Melden, *Rights and Persons*, Oxford University Press, Oxford, 1972 ; Joel Feinberg, *Rights, Justice, and the Bounds of Liberty*, Princeton University Press, Princeton, 1980.

46. Cf. à ce sujet S.S. Rama Rao Pappu, « Human Rights and Human Obligations. An East-West Perspective », in *Philosophy and Social Action*, novembre-décembre 1982, p. 20.

47. André Clair, *Droit, communauté et humanité*, Cerf, Paris, 2000, p. 67.

48. Jenny Teichmann, *Social Ethics. A Student's Guide*, Basil Blackwell, Oxford, 1996, p. 44.

49. Le philosophe Clément Rosset avait exploré cette hypothèse en 1965, dans sa *Lettre sur les chimpanzés* (Gallimard), mais il l'avait fait sur le mode humoristique : imaginer que les grands singes puissent un jour bénéficier des droits de l'homme était une façon burlesque de les moquer en poussant leur logique jusqu'à l'absurde. Cinquante ans plus tard, l'hypothèse est devenue réalité. En avril 2015, deux chimpanzés new yorkais, Hercule et Leo, se sont provisoirement vu reconnaître la personnalité juridique par un juge de la ville de New York, qui a ordonné que la légalité de leur « détention » soit examinée par les

tribunaux, afin que soient respectés leurs droits à l'*habeas corpus*, au même titre que pour n'importe quelle personne victime d'une détention abusive. En janvier 2016, ce procès s'est finalement soldé par un échec pour ses promoteurs, une association de défense des « droits des non humains » dirigée par Stephen Wise, le *Nonhuman Rights Project*. Hercule et Leo ont donc été renvoyés dans le centre de recherche de Louisiane où ils résidaient auparavant. Mais en décembre 2015, un tribunal argentin, saisi d'une plainte analogue en faveur de Sandra, un orang-outang du zoo de Buenos Aires, a ordonné sa libération au motif du nécessaire respect des droits des « personnes non humaines ».

50. Elvio Baccarini, « On Speciesism », in *Synthesis Philosophica*, Zagreb, 2000, 1-2, p. 107.

51. Paola Cavalieri, « Les droits de l'homme pour les grands singes non humains ? », in *Le Débat*, Paris, janvier-février 2000, p. 159. Cf. dans le même numéro les interventions de Luc Ferry, Marie-Angèle Hermitte et Joëlle Proust. Cf. aussi Peter Singer, *La libération animale*, Grasset, Paris 1993 ; Paola Cavalieri et Peter Singer, *The Great Ape Project. Equality beyond Humanity*, St Martin's Press, New York 1994. « Les animaux sont des hommes comme les autres », n'a pas hésité à déclarer la princesse Stéphanie de Monaco. Une Déclaration universelle des droits de l'animal a été proclamée le 15 octobre 1978 à l'Unesco. Son art. 1 affirme que « tous les animaux naissent égaux devant la vie et ont les mêmes droits à l'existence ».

52. Sur ce débat, cf. Yves Christen, *L'animal est-il une personne ?*, Flammarion, Paris 2009 ; et Alain de Benoist, *Des animaux et des hommes. La place de l'homme dans la nature*, Alexipharmaque, Billère, 2010.

53. Michael J. Perry, *The Idea of Human Rights. Four Inquiries*, Oxford University Press, New York, 1998, pp. 11-41. Cf. aussi Liam Gearon (ed.), *Human Rights and Religion. A Reader*, Sussex Academic Press, Brighton, 2002.

54. Le thème de la nécessaire liquidation ou déconstruction du sujet a été le fait de nombreux auteurs se réclamant du structuralisme. Dans *Les mots et les choses* (Gallimard, Paris, 1966), Michel Foucault affirmait que « l'homme est mort » (« seuls existent des hommes dans des cultures déterminées », ajoutait-il toutefois) et que « l'homme est une invention dont l'archéologie de notre pensée montre aisément la date récente. Et peut-être la fin prochaine ».

55. Michael Ignatieff, *Human Rights as Politics and Idolatry*, Princeton University Press, Princeton, 2001.

56. William F. Schulz, *In Our Own Best Interest. How Defending Human Rights Benefits Us All*, Beacon Press, New York, 2002.

57. Alan John Mitchell Milne, *Human Rights and Human Diversity. An Essay in the Philosophy of Human Rights*, Macmillan, London, 1986.

58. Rick Johnstone, « Liberalism, Absolutism, and Human Rights. Reply to Paul Gottfried », in *Telos*, New York, été 1999, p. 140.

59. Guido Calogero, « Il fondamento dei diritti dell'uomo », in *La Cultura*, 1964, p. 570.

60. Pour Habermas, l'agent est avant tout constitué par le langage, donc par l'échange communicationnel. La raison serait appelée à progresser par le biais d'un consensus obtenu grâce à la discussion. Cf. *Théorie de l'agir communicationnel*, 2 vol., Fayard, Paris, 1987. Habermas propose de redéfinir les droits de l'homme à partir d'un respect du sujet en tant que support de l'« activité communicationnelle ». Il nie d'autre part que les droits de l'homme soient de nature morale, ajoutant toutefois que « ce qui leur confère une apparence de droits moraux n'est pas leur contenu [...] mais le sens de leur validité, qui dépasse l'ordre juridique des États-nations » (*La paix perpétuelle. Le bicentenaire d'une idée kantienne*, Cerf, Paris, 1996, p. 86).

61. Norberto Bobbio, *Per una teoria generale della politica*, Einaudi, Torino, 1999, pp. 421-466.

62. François Jullien, « Quel absolu pour les droits de l'homme ? », in *Diversité culturelle et universalité des droits de l'homme*, Cécile Defaut, Nantes, 2010, p. 10.

63. Marcel Gauchet, *La démocratie contre elle-même*, Gallimard, Paris, 2002, p. 357.

Droits de l'homme et diversité des cultures

« Les droits de l'homme ne sont universels que s'ils incluent le droit de ne pas croire au dogme de l'universalité des droits. »

(Giuliano Ferrara, *Il Foglio*, 23 décembre 2002).

La théorie des droits de l'homme se donne comme une théorie valable en tous temps et en tous lieux, c'est-à-dire comme une théorie universelle. L'universalité, réputée inhérente à chaque individu posé comme sujet, y représente la mesure applicable à toute réalité empirique. Elle est posée comme une conception de la justice. Elle suppose l'existence d'une raison commune à tous les hommes. Dans une telle optique, dire que les droits sont « universels » n'est une autre façon de dire qu'ils sont absolument vrais. En même temps, chacun sait bien que l'idéologie des droits de l'homme est un produit de la pensée des Lumières, que l'idée même de droits de l'homme appartient à l'horizon spécifique de la modernité occidentale, et qu'elle n'est pas non plus comparable à une théorie scientifique. La question se pose alors de savoir si l'origine étroitement circonscrite de cette idéologie ne dément pas implicitement ses prétentions à l'universalité. Toute Déclaration des droits étant historiquement datée, n'en résulte-t-il pas une tension, ou une contradiction, entre la contingence historique qui a présidé à son élaboration et l'exigence d'universalité qu'elle entend affirmer ?

Bien entendu, le problème de l'universalité porte ici à la fois sur l'universalité des droits et sur l'universalité de l'homme dont on proclame les droits. On est en fait au cœur d'un vieux débat portant sur l'un et le multiple, l'universel et le singulier, le Même et l'Autre, etc.

Il est clair que la théorie des droits, au regard de toutes les cultures humaines, représente l'exception plutôt que la règle – et qu'elle constitue même une exception au sein de la culture européenne, puisqu'elle n'est apparue qu'à un moment déterminé et relativement tardif de l'histoire de cette culture. « La pensée des droits de l'homme, observait Bruno Bauer en 1843, n'a été découverte dans le monde chrétien qu'au siècle dernier. Elle n'est pas innée dans l'homme, au contraire elle ne s'est conquise que dans le combat contre les traditions historiques dans lesquelles l'homme a été élevé jusqu'ici. » « Il est clair, écrit Raimon Panikkar, que la Déclaration [de 1948] a été construite en fonction des courants historiques dominants de la pensée occidentale au cours des trois derniers siècles, et en accord avec une certaine anthropologie philosophique, ou un certain humanisme individualiste, qui ont aidé à en fournir une justification[1]. » C'est aussi ce que constate François Jullien : « Les droits de l'homme sont à l'évidence le produit d'une double abstraction (occidentale). À la fois des "droits" et de l'"homme". Des droits : de la réciprocité de la relation, la notion de droit isole le côté du sujet en privilégiant l'angle défensif de la revendication et de l'affranchissements. [...] De l'homme : celui-ci s'y trouve isolé de tout contexte vital, de l'animal au cosmique, la dimension sociale et politique relevant elle-même d'une construction postérieure. C'est seulement en tant qu'individu que l'"Homme" est absolutisé. [...] Isolation, abstraction et absolutisation, allant de pair, ont donc été le prix à payer pour ériger cet universel. Or qu'est-ce qui *en même temps* se défait sous ces opérations conjointes ? Rien de moins que ce que l'on pourrait nommer, en regard, l'intégration de l'humain en son monde[2]. »

Si les droits sont « là » depuis toujours, présents dans la nature même de l'homme, on peut s'étonner qu'une petite portion de l'humanité seulement s'en soit aperçue, et qu'il lui ait fallu si longtemps pour s'en apercevoir, alors même que la question du pouvoir et des libertés s'est toujours posée. Comment comprendre que le caractère universel des droits ne soit apparu comme une « évidence » que dans une société particulière ? Et comment imaginer que cette société puisse en proclamer le caractère universel sans en revendiquer en même temps le monopole historique, c'est-à-dire sans se poser comme supérieure à celles qui ne l'ont pas reconnu ?

À elle seule, la notion même d'universalité soulève déjà des problèmes. C'est même l'un des points les plus régulièrement discutés. Lorsque l'on parle de l'universalité des droits, de quel type d'universalité veut-on parler ? D'une universalité d'ordre géographique, philosophique ou moral ? L'universalité des droits se heurte à cette question, posée d'emblée par Raimundo Panikkar : « Cela a-t-il un sens de se demander si les conditions de l'universalité sont réunies alors que la question même de l'universalité est loin d'être une question universelle ? »[3] Dominique Colas résume la situation en faisant observer que « l'idée d'universalité [...] n'a pas, elle-même, d'universalité »[4].

Dire que tous les hommes sont titulaires des mêmes droits est une chose. Dire que ces droits doivent être partout reconnus sous la forme qu'en donne l'idéologie des droits en est une autre, différente. Cela pose en effet la question de savoir qui a autorité pour imposer ce point de vue, quelle est la nature de cette autorité, qu'est-ce qui garantit le bien-fondé de son discours. En d'autres termes : qui décide qu'il doit en être ainsi et pas autrement ?

Tout universalisme tend à l'ignorance ou à l'effacement des différences. Dans sa formulation canonique, la théorie des droits apparaît elle-même peu disposée à reconnaître la diversité culturelle, et ce pour deux raisons : d'une part son individualisme foncier, et le caractère hautement abstrait du sujet dont elle proclame les droits, d'autre part ses liens historiques privilégiés avec la culture occidentale, ou du moins avec l'une des traditions constitutives de cette culture. On en eut une parfaite illustration lorsque la Révolution française affirma la nécessité de « tout refuser aux Juifs comme nation, tout leur accorder comme individus » (Stanislas de Clermont-Tonnerre, discours prononcé en décembre 1789), ce qui revenait à lier l'émancipation des Juifs à la désagrégation de leurs liens communautaires. Depuis lors, le discours des droits de l'homme n'a cessé d'être confronté à la diversité humaine telle qu'elle s'exprime dans la pluralité des systèmes politiques, des traditions religieuses et des valeurs culturelles. Ce discours est-il voué à les dissoudre ou peut-il les subsumer, au risque de se dissoudre lui-même ? Est-il compatible avec les différences ou ne peut-il que les faire disparaître ?

Toutes ces questions ont donné lieu à un immense débat[5]. Face aux universalistes, les culturalistes soutiennent que, « si certaines jugements moraux sont valides dans chaque culture, aucun jugement moral n'est universellement valide »

(John J. Tilley). Leur critique consiste à dire que les droits de l'homme ne peuvent jamais être purement et simplement traduits dans toutes les cultures sans s'adapter au système de normes et de valeurs propre à chacune d'elles[6]. En fin de compte, la discussion se ramène cette alternative : soit l'on soutient que les concepts constitutifs de l'idéologie des droits de l'homme sont, malgré leur origine occidentale, des concepts véritablement universels. Il faut alors le démontrer. Soit on renonce à leur universalité, ce qui ruine tout le système : en effet, si la notion de droits de l'homme est purement occidentale, son universalisation à l'échelle planétaire représente de toute évidence une imposition du dehors, une manière détournée de convertir et de dominer, c'est-à-dire une continuation du syndrome colonial[7].

Une première difficulté apparaît déjà au niveau du vocabulaire. Jusqu'au Moyen Âge, on ne trouve dans aucune langue européenne – pas plus qu'en arabe, en hébreu, en chinois ou en japonais – un terme désignant *un* droit comme attribut subjectif de la personne, distinct en tant que tel de la matière juridique (*le* droit). Ce qui revient à dire que, jusqu'à une période relativement tardive, il n'existait aucun mot pour désigner des droits censés appartenir aux hommes en vertu de leur seule humanité. Ce seul fait, estime Alasdair MacIntyre, amène à douter de leur réalité[8].

La notion même de droit est également rien moins qu'universelle. La langue indienne n'a pour l'exprimer que des équivalents approximatifs, comme *yukta* et *ucita* (approprié), *nyayata* (juste) ou encore *dharma* (obligation). En chinois, « droit » se traduit par la juxtaposition de deux mots, *chuan li*, désignant le pouvoir et l'intérêt ; « droits de l'homme » se dit *ren-quan*, « homme-pouvoir », ce qui n'est pas spécialement limpide. En arabe, le mot *haqq*, « droit », signifie d'abord la vérité[9].

La théorie des droits de l'homme postule par ailleurs l'existence d'une nature humaine universelle, indépendante des époques et des lieux, qui serait connaissable par le moyen de la seule raison. De cette affirmation, qui ne lui appartient pas en propre, elle donne une interprétation très particulière, impliquant une triple séparation : entre l'homme et les autres vivants (l'homme est seul titulaire de droits naturels), entre l'homme et la société (l'être humain est fondamentalement l'individu, le fait social n'est pas pertinent pour connaître sa nature), entre l'homme et l'ensemble du cosmos (la nature humaine ne doit rien à l'ordre général des choses). Or, cette triple séparation n'existe pas dans l'immense majorité des cultures non occidentales, y compris bien entendu dans celles qui reconnaissent l'existence d'une nature humaine.

Le problème achoppe tout particulièrement sur l'individualisme. Dans la plupart des cultures – comme d'ailleurs, il faut le rappeler, dans la culture européenne des origines –, l'individu en soi n'est tout simplement pas représentable. Il n'est jamais conçu comme une monade, coupée de ce qui le relie, non seulement à ses proches, mais à la communauté des vivants et à l'univers tout entier. Les notions d'ordre, de justice et d'harmonie ne sont pas élaborées à partir de lui, ni à partir de la place unique qui serait celle de l'homme dans le monde, mais à partir du groupe, de la tradition, des liens sociaux ou de la totalité du réel. Parler de liberté de l'individu en soi n'a donc aucun sens dans des cultures demeurées fondamentalement holistes, et qui se refusent à concevoir l'être humain comme un atome autosuffisant. Dans ces cultures, la notion de droits subjectifs est absente, alors que sont omniprésentes celles d'obligation mutuelle et de réciprocité, conformes à la logique du don et du contre-don. L'individu n'a pas à faire valoir ses droits, mais à œuvrer pour trouver dans le monde, et d'abord dans la société à laquelle il appartient, les conditions les plus propices à l'accomplissement de sa nature et à l'excellence de son être.

La pensée asiatique, par exemple, s'exprime avant tout dans le langage des devoirs. La notion morale de base de la pensée chinoise est celle des devoirs que l'on a envers autrui, non celle des droits qu'on pourrait lui opposer, car « le monde des devoirs est logiquement antérieur au monde des droits »[10]. Dans la tradition confucéenne, qui valorise l'harmonie entre les êtres et avec la nature, l'individu ne saurait posséder des droits supérieurs à la communauté à laquelle il appartient. Les hommes sont liés entre eux par la réciprocité des devoirs et les obligations mutuelles. Le monde des devoirs est en outre plus étendu que celui des droits. Alors qu'à chaque droit correspond théoriquement un devoir, il n'est pas vrai qu'à chaque obligation réponde un droit : nous pouvons avoir des obligations envers certains hommes dont nous n'avons rien à attendre, et aussi envers la nature et les animaux, qui ne nous doivent rien[11].

En Inde, l'hindouisme représente l'univers comme un espace où les êtres traversent des cycles d'existence multiformes. Dans le taoïsme, le *tao* du monde est regardé comme une donnée universelle gouvernant la marche des êtres et des choses. En Afrique noire, le lien social associe aussi bien les vivants et les morts. Au Proche-Orient, les notions de respect et d'honneur déterminent des obligations à l'intérieur de la famille étendue et du clan[12]. Toutes ces données sont fort peu conciliables avec la théorie des droits. « Les droits de l'homme sont une valeur occidentale, écrit Sophia Mappa, qui n'est nullement partagée par les autres sociétés du globe, malgré les discours mimétiques[13]. »

Poser que ce qui vient en premier, ce n'est pas l'individu, mais le groupe, ne signifie nullement que l'individu soit

« enfermé » dans ce groupe, mais bien plutôt qu'il n'acquiert sa singularité que par rapport à un rapport social qui est lui aussi constitutif de son être. Cela ne signifie pas non plus qu'il n'existe pas partout un naturel désir d'échapper au despotisme, à la coercition ou aux mauvais traitements. Entre l'individu et le groupe peuvent surgir des tensions. Ce fait-là est bien universel. Mais ce qui n'est nullement universel, c'est la croyance selon laquelle le meilleur moyen de préserver la liberté est de poser de manière abstraite un individu dépouillé de toutes ses caractéristiques concrètes, délié de toutes ses appartenances naturelles et culturelles, de tout ce qui fait qu'il est ce qu'il est et non pas autre chose. Il y a des conflits dans toutes les cultures, mais dans la plupart d'entre elles, la vision du monde qui prévaut n'est pas une vision conflictuelle (l'individu contre le groupe), mais une vision « cosmique » ordonnée à l'ordre et à l'harmonie naturelle des choses. Chaque individu a son rôle à jouer dans l'ensemble où il s'insère, et le rôle du pouvoir politique est d'assurer au mieux cette coexistence et cette harmonie, gage de pérennité. De même que le pouvoir est universel, mais que les formes de pouvoir ne le sont pas, le désir de liberté est universel, tandis que les façons d'y répondre varient considérablement.

Le problème devient spécialement aigu lorsque les pratiques sociales ou culturelles dénoncées au nom de droits de l'homme ne sont pas des pratiques imposées, mais des pratiques coutumières jouissant de toute évidence d'une faveur massive au sein des populations concernées (ce qui ne veut pas dire qu'elles n'y sont jamais critiquées). Comment une doctrine fondée sur la libre disposition des individus par eux-mêmes peut-elle s'y opposer ? Si les hommes doivent être laissés libres de faire ce qu'ils veulent aussi longtemps que l'usage de leur liberté n'empiète pas sur celle des autres, pourquoi les peuples dont certains coutumes nous paraissent (à juste titre) choquantes ou condamnables ne pourraient-ils pas être laissés libres de les pratiquer aussi longtemps qu'ils ne cherchent pas à les imposer aux autres ?

L'exemple classique (c'est toujours celui qu'on allègue quand on veut discréditer les traditions) est celui de la clitoridectomie, encore pratiquée aujourd'hui dans de nombreux pays d'Afrique noire, ainsi que dans quelques pays musulmans. Il s'agit bien évidemment d'une pratique aussi détestable que dommageable, mais qu'il est difficile d'extraire de tout un contexte culturel et social dans lequel elle est, au contraire, considérée comme moralement bonne et socialement nécessaire : une femme non excisée ne trouvera pas à se marier et ne pourra pas avoir d'enfants, c'est pourquoi les femmes qui ont été excisées sont les premières à vouloir faire exciser leurs filles. La question se pose de savoir au nom de quoi on peut interdire une coutume qui n'est imposée à personne. La seule réponse raisonnable est qu'on peut seulement inciter les intéressées à réfléchir sur son opportunité, c'est-à-dire encourager la critique *interne* de la pratique visée. Ce sont ceux et celles que le problème concerne au premier chef qui doivent s'en saisir, afin de parvenir à l'abolir dans des conditions qui ne soient pas destructrices du lien social[14].

Pour citer un autre exemple, lorsque dans un pays musulman une femme est lapidée pour adultère et que cela indigne les défenseurs des droits de l'homme, ce qu'on ne saurait leur reprocher car ils ne sont pas les seuls à s'en indigner, on peut néanmoins se demander sur quoi porte exactement cette condamnation : sur le mode d'exécution (la lapidation), sur le fait que l'adultère soit puni de mort (ou qu'il soit tout simplement punissable) ou sur la peine de mort elle-même ? Le premier motif semble d'ordre surtout émotionnel[15].

Le second peut au moins être discuté (quelque sentiment que l'on ait sur la question, au nom de quoi peut-on empêcher les membres d'une culture donnée d'estimer que l'adultère est une faute qui mérite sanction et d'évaluer à leur gré la gravité de cette faute ?). Quant au troisième, il fait de tout pays qui maintient la peine de mort, à commencer par les États-Unis, un violateur des droits de l'homme.

« Prétendre attribuer une validité universelle aux droits de l'homme tels qu'ainsi formulés, écrit Raimundo Panikkar, c'est postuler que la plupart des peuples du monde sont engagés, pratiquement de la même manière que les nations occidentales, dans un processus de transition d'une *Gemeinschaft* plus ou moins mythique [...] à une “modernité” organisée de façon “rationnelle” et “contractuelle”, telle que la connaît le monde occidental industrialisé. C'est là un postulat contestable[16]. » D'autant que « proclamer le concept des droits de l'homme [...] pourrait bien se révéler être un cheval de Troie introduit clandestinement au cœur d'autres civilisations avec pour résultat de les obliger à accepter les modes d'existence, de pensée et de sentiment pour lesquels les droits de l'homme constituent la solution qui s'impose en cas de conflit »[17]. C'est aussi ce que constate François Jullien quand il écrit, à propos des droits de l'homme, que les Occidentaux « les posent, et même les imposent, comme devoir-être universel, alors qu'il est manifeste que ces droits sont issus d'un conditionnement historique particulier ; ils réclament que tous les peuples y souscrivent absolument, sans exception ni réduction possible, alors qu'ils ne peuvent pas ne pas constater en même temps que d'autres options culturelles, de par le monde, les ignorent ou les contestent »[18].

Accepter la diversité culturelle exige une pleine reconnaissance de l'Autre. Mais comment reconnaître l'Autre si ses valeurs et ses pratiques s'opposent à celles qu'on veut lui inculquer ? Les tenants de l'idéologie des droits s'affirment généralement partisans du « pluralisme ». Mais qu'en est-il de la compatibilité des droits de l'homme avec la pluralité des systèmes culturels et des croyances religieuses ? Si le respect des droits individuels passe par le non-respect des cultures et des peuples, faut-il en conclure que tous les hommes sont égaux, mais que les cultures que ces égaux ont créées ne sont pas égales ?

Certains défenseurs des droits de l'homme contestent purement et simplement la notion d'altérité, « comme si la diversité culturelle entérinait la reconnaissance d'une altérité première qui se distribue naturellement dans les cultures différentes »[19]. D'autres ne cachent pas leur hostilité radicale aux différences, tel Miguel Ángel Martínez, vice-président du Parlement européen, selon qui « les droits de l'homme ne peuvent pas admettre de réserves, d'exceptions ou de modulations en fonction de soi-disant traditions ou spécificités culturelles, religieuses, géographiques ou autres ». « L'individu, ajoute-t-il, est appelé à devenir un "citoyen du monde"[20]. » À la limite, les droits de l'homme peuvent être un moyen de conjurer l'altérité ou de faire face à une diversité jugée menaçante. Pour l'idéologie du Même, la différence n'est jamais irréductible, mais au contraire illusoire. Elle est une apparence à faire sauter pour découvrir le Même[21].

L'imposition des droits de l'homme représente de toute évidence une acculturation, dont la mise en pratique risque d'entraîner la dislocation ou l'éradication d'identités collectives qui jouent aussi un rôle dans la constitution et la préservation des identités individuelles. L'idée classique selon laquelle les droits de l'homme protègent les individus contre les groupes auxquels ils appartiennent et constituent un recours par rapport aux pratiques, aux lois ou aux coutumes qui caractérisent ces groupes, s'avère par là douteuse. Ceux qui dénoncent telle ou telle « violation des droits de l'homme » mesurent-ils toujours avec exactitude à quel point la pratique qu'ils critiquent peut être constitutive de la culture au sein de laquelle elle s'observe ? Ceux qui se plaignent de la violation de leurs droits sont-ils prêts, de leur côté, à payer le respect de ces droits du prix de la destruction de leur culture ? Ne souhaiteraient-ils pas plutôt que leurs droits soient reconnus sur la base de ce qui spécifie leur culture – et par les autres membres de cette culture –, ce qu'il n'est pas interdit d'encourager ?

« Les individus, écrit Paul Piccone, ne peuvent être protégés [par les droits de l'homme] que lorsque l'essence de ces droits a déjà été incorporée dans le système juridique particulier de leur communauté et que tout le monde y croit vraiment[22]. » La remarque est juste. Par définition, les droits de l'homme ne peuvent être invoqués que là où ils sont déjà reconnus, dans les cultures et les pays qui en ont déjà intériorisé les principes – c'est-à-dire là où, théoriquement, on ne devrait plus avoir besoin de les invoquer. Le discours des droits de l'homme, en d'autres termes, n'est audible dans le monde que là où le mode de vie occidental s'est déjà imposé. Mais si les droits de l'homme ne peuvent avoir d'efficacité que là où les principes qui les fondent ont déjà été intériorisés, la dislocation des cultures provoquée par leur importation brutale va directement à l'encontre de l'objectif visé. « Le paradoxe des droits de l'homme, ajoute Piccone, c'est que leur déploiement implique l'érosion et la destruction des conditions (traditions et coutumes) sans lesquelles leur mise en œuvre devient précisément impossible[23]. »

*

C'est pour tenter de concilier l'idéologie des droits avec la diversité culturelle que la notion de droits des peuples a été élaborée. Cette nouvelle catégorie de droits a surtout été théorisée au lendemain de la Deuxième Guerre mondiale, dans le cadre notamment des revendications nationalitaires qui devaient aboutir à la décolonisation, mais aussi sous l'influence des travaux d'ethnologues comme Claude Lévi-Strauss qui, en réaction contre les tenants de l'évolutionnisme social (Lewis Morgan), dénonçaient les méfaits de l'acculturation et mettaient l'accent sur les spécificités culturelles ou sur la nécessité de reconnaître des droits particuliers aux minorités ethniques. À date plus récente, le renouveau des affirmations identitaires de toutes sortes, réaction compensatoire au déclin des identités nationales, à la sclérose grandissante des États-nations et à l'effacement général des repères, a remis ce thème à l'ordre du jour. Pour Lelio Basso, grand défenseur des droits des peuples, les vrais « sujets de l'histoire sont les peuples, qui sont également les sujets du droit »[24].

Une Déclaration universelle des droits des peuples a été adoptée à Alger le 4 juillet 1976, date anniversaire du bicentenaire de la Déclaration des droits américaine. Elle stipule que « tout peuple a droit au respect de son identité nationale et culturelle » (art. 2), que tout peuple « détermine son statut politique en toute liberté » (art. 5), qu'il possède « un droit exclusif sur ses richesses et ses ressources naturelles » (art. 8), qu'il a le « droit de se donner le système économique et social de son choix » (art. 11), le « droit de parler sa langue, de préserver et de développer sa culture » (art. 13), ainsi que le « droit à ne pas se voir imposer une culture qui lui soit étrangère ». Il existe de ce document plusieurs modulations régionales[25].

La seule énumération de ces droits, qui sont pour la plupart restés lettre morte, suffit à montrer à quel point leur harmonisation avec la théorie classique des droits de l'homme est problématique. Le droit au maintien d'une identité collective, par exemple, peut antagoniser certains droits individuels. Le droit à la sécurité collective peut entraîner lui aussi de sévères limitations des libertés individuelles. De façon plus générale, écrit Norbert Rouland, « il est certain que la notion de droits de l'homme a pour effet de faire obstacle à la reconnaissance des droits collectifs des groupes ethniques »[26]. La Déclaration universelle de 1948 a certes reconnu que « tous les peuples ont le droit de disposer d'eux-mêmes », mais quid de leur droit à disposer d'eux-mêmes d'une manière qui contredirait à l'esprit des droits de l'homme ? Le droit des peuples à disposer d'eux-mêmes, qui a servi de base à la décolonisation, contredit par ailleurs d'emblée le droit d'ingérence à vocation « humanitaire »[27].

Les optimistes pensent que les droits individuels et les droits collectifs s'harmonisent tout naturellement, parce qu'ils sont complémentaires, les avis différant toutefois sur la hiérarchie qui s'impose entre les premiers et les seconds. Edmond Jouve assure ainsi que « droits de l'homme et droits des peuples ne sauraient se contredire »[28]. Les réalistes constatent plutôt qu'ils ne s'harmonisent pas spontanément, et même qu'ils ne s'harmonisent pas du tout, dans la mesure où les peuples ne peuvent, sans nier ce qui les caractérise en tant que peuples, être considérés comme de simples additions d'individus. « Beaucoup en sont venus à penser que la notion de droits des peuples n'était qu'une abstraction destinée à justifier le remplacement d'une oppression par une autre oppression et que seuls comptaient les droits des individus, observe Léo Matarasso. D'autres estiment plutôt que les droits de l'homme ne sont invoqués que comme un alibi idéologique pour justifier des agissements attentatoires aux droits des peuples[29]. » D'où les difficultés auxquelles n'ont cessé de se heurter ceux qui ont voulu conjoindre les deux catégories.

On retrouve ici le débat sur le caractère « universel » ou, au contraire, strictement occidental des droits de l'homme. À l'instar d'Alain Renaut, affirmant que « la référence à des valeurs universelles n'implique en rien le mépris du particulier »[30], une majorité de partisans de l'idéologie des droits continue d'en soutenir avec force l'universalité. « Les droits de l'homme, déclare John Rawls, ne sont pas la conséquence d'une philosophie particulière, ni d'une façon parmi d'autres de voir le monde. Ils ne sont pas liés à la seule tradition culturelle de l'Occident, même si c'est à l'intérieur de cette tradition qu'ils ont été formulés pour la première fois. Ils découlent simplement de la définition de la justice[31]. » Le postulat implicite, ici, est évidemment qu'il n'y a qu'une seule définition possible de la justice. « Bien qu'il soit vrai que les valeurs de la Déclaration universelle des droits de l'homme dérivent de la tradition des Lumières, ajoute William Schutz, virtuellement tous les pays du monde les ont acceptées[32]. » Comment se fait-il alors qu'il faille si souvent recourir aux armes pour les imposer ?

Dans une telle optique, ce serait en quelque sorte par hasard que l'Occident serait parvenu plus tôt que les autres au « stade » où il aurait été possible de formuler explicitement une aspiration partout présente ailleurs de façon sous-jacente. Cette priorité historique ne lui confèrerait pas de supériorité morale particulière. Les Occidentaux seraient seulement « en avance », tandis que les autres cultures seraient « en retard ». C'est le schéma classique de l'idéologie du progrès, selon laquelle toutes les cultures se dirigent de manière unitaire dans la même direction. La légitimité des droits de l'homme, demande François Jullien, « viendrait-elle de ce que la pensée européenne qui a porté les droits de l'homme exprime effectivement un progrès historique : de ce que, à l'instar du développement de la science à partir du début du XVIIe siècle et contemporains de celui-ci, ils constituent un gain pour l'humanité qui, comme tel, ne se serait produit lui aussi que dans la seule Europe ? Outre que cette justification vaut accusation, au moins tacite, de toutes les autres cultures, sa critique tombe sous le sens, y compris de l'ethnocentrisme le plus obtus : car au nom de quoi jugerait-on un tel progrès si ce n'est *déjà* au sein d'un cadre idéologique particulier ? »[33]. Claude Lévi-Strauss, qui a lui aussi maintes fois dénoncé le caractère ethnocentrique de l'idéologie des droits de l'homme, écrit qu'« il n'y a pas et ne peut y avoir de civilisation mondiale dans le sens absolu que l'on accorde à ce terme, car la civilisation implique la coexistence de cultures qui offrent le maximum de diversités entre elles »[34].

La discussion sur l'universalité des droits de l'homme évoque en fait bien souvent ces dialogues « œcuméniques » où l'on tient à tort pour acquis que toutes les croyances religieuses renvoient sous des formes différentes à des « vérités » communes à toutes les religions. Le raisonnement tenu pour démontrer que les droits sont universels est presque toujours le même. Il consiste à faire le constat qu'il existe partout dans le monde un désir de bien-être et de liberté, puis à en tirer argument pour légitimer le discours des droits censé répondre à cette demande[35]. Or, une telle conclusion est parfaitement arbitraire. Personne n'a jamais nié que tous les hommes aient certaines aspirations en commun, ni qu'un consensus puisse s'établir pour regarder au moins certaines choses comme intrinsèquement bonnes ou intrinsèquement mauvaises. Partout dans le monde, les gens préfèrent être bien-portants plutôt que malades, libres plutôt que contraints, partout ils détestent être frappés, torturés, emprisonnés arbitrairement, massacrés, etc. Mais de ce que certains biens sont humains, il ne s'ensuit nullement que le discours des droits soit validé, et moins encore qu'il soit universel. En d'autres termes, ce n'est pas l'universalité du désir d'échapper à la coercition qu'il s'agit de démontrer, mais bien l'universalité du langage qu'on compte utiliser pour répondre à ce désir. Les deux plans ne sauraient se confondre. Et la seconde démonstration n'a toujours pas été apportée.

La façon dont les différentes valeurs se combinent entre elles est en outre rarement transcendante à la pluralité des cultures, pour la simple raison que chacune de ces valeurs reçoit une coloration différente au sein de chaque culture. Comme l'a plusieurs fois souligné Charles Taylor, dire qu'une valeur est bonne revient d'abord à dire que la culture dans laquelle cette valeur est valorisée mérite elle-même d'être regardée comme bonne. Quant à la raison, qui est loin d'être axiologiquement neutre, toute tentative de l'associer à une valeur quelconque, même décrétée « universelle », la lie inexorablement à la culture particulière où cette valeur est mise à l'honneur.

À la question : « Le concept des droits de l'homme est-il un concept universel ? », Raimundo Panikkar répond donc avec netteté : « La réponse est tout simplement non. Et cela pour trois raisons. A) Aucun concept n'est universel par lui-même. Chaque concept est valide en premier lieu là où il a été conçu. Si nous voulons étendre sa validité au-delà des limites de son contexte propre, il nous faudra justifier cette extrapolation. [...] En outre, tout concept tend à l'univocité. Accepter la possibilité de concepts universels impliquerait une conception strictement rationaliste de la vérité. Mais même si cette position correspondait à la vérité théorique, l'existence de concepts universels n'en résulterait pas, en raison de la pluralité des univers de discours que présente *de facto* le genre humain. [...] B) Au sein du vaste champ de la culture occidentale elle-même, les postulats mêmes qui servent à situer notre problématique ne sont pas universellement admis. C) Pour peu que l'on adopte une attitude d'esprit transculturelle, le problème apparaîtra comme exclusivement occidental, c'est-à-dire que c'est la question elle-même qui est en cause. La plupart des postulats et autres présuppositions connexes énumérés ci-dessus sont tout simplement absents des autres cultures[36]. »

C'est la raison pour laquelle certains auteurs se sont résignés à admettre que les droits de l'homme sont une « construction occidentale à l'applicabilité limitée »[37], difficilement applicable en tout cas dans les cultures dont la tradition est étrangère à l'invidualisme libéral. Raymond Aron l'avait lui-même reconnu : « Toute déclaration des droits apparaît finalement comme l'expression idéalisée de l'ordre politique ou social qu'une certaine classe ou une certaine civilisation s'efforce de réaliser. [...] Du même coup, on s'explique l'équivoque de la Déclaration universelle des droits de 1948. Elle emprunte à la civilisation occidentale la pratique même d'une déclaration des droits, alors que d'autres civilisations ignorent, non les normes collectives ou les droits individuels, mais l'expression théorique, à prétention universelle, de ceux-ci ou de celles-là[38]. »

La critique de l'universalisme des droits au nom du pluralisme culturel n'est pas neuve. Herder et Savigny, en Allemagne, comme Henry Maine, en Angleterre, ont montré que la matière juridique ne saurait se comprendre sans prise en compte des variables culturelles. On retrouve une critique analogue chez Hannah Arendt, lorsqu'elle écrit que « le paradoxe des droits abstraits est qu'en déclinant les droits d'une humanité sans attache, ils risquent de priver d'identité ceux qui sont précisément victimes des déracinements imposés par les conflits modernes ».

Sur la même base, Alasdair MacIntyre adresse trois objections à l'idéologie des droits de l'homme. La première est que la notion de droit, telle que la pose cette idéologie, ne se retrouve pas partout, ce qui montre qu'elle n'est pas intrinsèquement nécessaire à la vie sociale. La deuxième est que le discours des droits, alors même qu'il prétend proclamer des droits dérivés d'une nature humaine intemporelle, est étroitement circonscrit à une période historique déterminée, ce qui rend l'universalité de son propos peu crédible. La troisième est que toute tentative pour justifier la croyance en de tels droits s'est soldée par un échec. Soulignant qu'on ne peut avoir des droits et en jouir que dans un type de société possédant certaines règles établies, MacIntyre écrit : « Ces règles n'apparaissent qu'à des périodes historiques particulières et dans des circonstances sociales particulières. Ce ne sont nullement des caractéristiques universelles de la condition humaine[39]. » Il en conclut que de tels droits, tout comme les sorcières et les licornes, ne sont qu'une fiction[40].

*

La théorie des droits de l'homme, en tant qu'elle se pose d'emblée comme une vérité universelle, représente à certains égards une réaction contre le relativisme. Il y a là un certain paradoxe, puisque cette théorie émane du même libéralisme doctrinal qui, historiquement, a aussi légitimé le relativisme en proclamant le droit égal de chaque individu à poursuivre les fins qu'il a souverainement choisies (La contradiction apparaît clairement chez ceux qui font l'éloge du « multiculturalisme » à partir d'une position strictement relativiste, alors qu'ils dénoncent en même temps telle ou telle tradition culturelle comme une « atteinte aux droits de l'homme »). Mais l'idéologie des droits de l'homme, si elle échappe au relativisme, court à l'inverse le risque de tomber dans l'ethnocentrisme. C'est ce que constatait Hubert Védrine, ancien ministre des Affaires étrangères, lorsqu'il disait que la vulgate des droits de l'homme revient à considérer « que les valeurs occidentales sont, en bloc et sans discussion ni nuance possible, des valeurs universelles et invariables, et que toute interrogation à ce sujet, tout pragmatisme est sacrilège »[41].

« Tenir pour établi que sans une reconnaissance explicite des droits de l'homme la vie serait chaotique et dénuée de sens, écrit de son côté Raimundo Panikkar, relève de la même mentalité que de maintenir que, sans la croyance en un Dieu unique telle qu'elle est comprise dans la tradition abrahamique, la vie humaine se dissoudrait en une totale anarchie. Il suffirait de pousser un peu plus dans cette direction pour conclure que les athées, les bouddhistes et les animistes, par exemple, doivent être considérés comme les représentations d'aberrations humaines. Dans la même veine : ou les droits de l'homme, ou le chaos[42]. »

Un tel glissement est difficilement évitable. Dès qu'une doctrine ou une culture se croit porteuse d'un message « universel », elle manifeste une invincible propension à travestir comme telles ses valeurs particulières. Elle disqualifie alors les valeurs des autres, qu'elle perçoit comme trompeuses, irrationnelles, imparfaites ou tout simplement dépassées. Avec la meilleure des bonnes consciences, puisqu'elle est convaincue de parler au nom du vrai, elle professe l'intolérance. « Une doctrine universaliste évolue inéluctablement vers des formules équivalentes au parti unique », disait Lévi-Strauss[43].

À une époque où la diversité culturelle et humaine est bien la dernière chose dont se soucie l'idéologie économique et marchande qui domine la planète, l'idéologie des droits renoue ainsi subrepticement avec d'anciens discours de domination et d'acculturation. Accompagnant l'extension planétaire du marché, elle lui fournit l'habillage « humanitaire » dont celle-ci a besoin. Ce n'est plus au nom de la « vraie foi », de la « civilisation », du « progrès », voire du « lourd fardeau de l'homme blanc »[44], que l'Occident se croit fondé à régenter les pratiques sociales et culturelles existant dans le monde, mais au nom de la morale incarnée par le droit. L'affirmation de l'universalité des droits de l'homme, en ce sens, ne représente rien d'autre que la conviction que des valeurs particulières, celles de la civilisation occidentale moderne, sont des valeurs supérieures qui doivent s'imposer partout. Le discours des droits permet une fois de plus à l'Occident de s'ériger en juge moral du genre humain.

« En identifiant défense des droits de l'homme et défense des valeurs occidentales, écrivent René Gallissot et Michel Trebitsch, une nouvelle idéologie plus insidieuse et plus subtile, une idéologie "soft" permet de substituer au manichéisme Est-Ouest né de la guerre froide, un manichéisme Nord-Sud où la liberté à l'occidentale espère se refaire une virginité[45]. » « Le modèle occidental, observe également Sophia Mappa [...] doit s'imposer à l'humanité, comme s'il était doté d'une objectivité naturelle qui lui assurerait la supériorité sur les autres. Selon cette même idée, les divers systèmes sociaux du globe seraient des variantes du système occidental, dont les spécificités devraient disparaître devant l'avancée irrésistible de celui-ci à l'échelle planétaire. [...] Pour que le modèle occidental gagne la planète, il faudrait [donc] que les autres sociétés abandonnent consciemment des représentations du monde, des valeurs, des pratiques sociales, des institutions et des symboles culturels profondément enracinés[46]. »

Pourrait-il en aller autrement ? On peut en douter. Comme l'écrit François Flahaut, « si le monde occidental veut convaincre la planète du bien-fondé des droits de l'homme tels qu'il les a conçus, il lui faut assumer les présupposés anthropologiques et théologiques qui en soutiennent les formulations (et notamment l'usage spécifique du terme de *droits* dans l'expression "droits de l'homme"). Si, en revanche, il veut éviter de prendre appui sur ces présupposés, alors il doit reconnaître que la formulation qu'il a donnée de ces "droits" relève de sa propre tradition et n'a de valeur universelle que dans la mesure où elle en appelle à un sentiment moral partagé par tous les hommes de bonne volonté »[47]. « D'une façon générale, disait Raymond Aron, on pourrait poser le dilemme suivant : ou bien les droits atteignent à une certaine sorte d'universalité parce qu'ils tolèrent, grâce au vague de la mise en forme conceptuelle, n'importe quelle institution ; ou bien ils gardent quelque précision et ils perdent leur valeur d'universalité[48]. » Et de conclure : « Les droits dits universels ne méritent ce qualificatif qu'à la condition d'être formulés en un langage à ce point vague qu'ils perdent tout contenu défini[49]. »

François De Smet résume le même dilemme en ces termes : « Soit nous nous résolvons à un droit international mou, désubstantialisé, flexible à volonté car respectant les conceptions de toutes les cultures humaines, et probablement inefficace ; soit nous assumons notre position selon laquelle notre culture, celle des droits individuels, de la valeur de l'individu face à la collectivité, est supérieure aux autres, supériorité qui n'est toujours affirmée qu'arbitrairement car nous jugeons une telle prédominance morale grâce à nos propres prémisses[50]. »

Contester l'universalité de la théorie des droits ne signifie cependant pas qu'il faille approuver n'importe quelle pratique politique, culturelle ou sociale au seul motif qu'elle existe. Reconnaître la libre capacité des peuples et des cultures à se doter par eux-mêmes et pour eux-mêmes des lois qu'ils désirent adopter, ou à conserver les coutumes et les pratiques qui sont les leurs, n'entraîne pas automatiquement leur approbation. La liberté de jugement demeure, c'est seulement la conclusion qu'on en tire qui peut varier. Le mauvais usage qu'un individu ou un groupe fait de sa liberté amène à condamner cet usage, non cette liberté.

Il ne s'agit donc nullement d'adopter une position relativiste – qui est une position intenable (si tout est relatif, la proposition selon laquelle tout est relatif l'est également) –, mais plutôt une position pluraliste. Ce n'est pas au nom du relativisme, qui prétend que tout se vaut, que l'on doit critiquer la théorie des droits, mais au nom de la diversité. Il existe une pluralité de cultures et ces cultures répondent différemment aux aspirations qui s'y expriment. Certaines de ces réponses peuvent nous paraître à juste titre contestables. Il est parfaitement normal de les condamner – et d'en refuser pour nous-mêmes l'adoption. Encore faut-il admettre aussi qu'une société ne peut évoluer dans un sens que nous jugeons préférable qu'à partir des réalités culturelles et des pratiques sociales qui sont les siennes. Ces réponses peuvent d'ailleurs aussi se révéler contradictoires. On doit alors reconnaître qu'il n'existe pas d'instance surplombante, de point de vue supérieur englobant qui permettrait de trancher ces contradictions.

Raimundo Panikkar a très bien montré, à ce propos, que l'on peut sans peine découvrir dans toutes les cultures des « équivalents homéomorphes » du concept de droits de l'homme, mais que ces équivalents – en Inde la notion de *dharma*, en Chine la notion de *li* (rite) – ne sont ni des « traductions » ni des synonymes, ni même des contreparties, mais seulement des façons propres à chaque culture de répondre à un besoin équivalent.

Dans un passage qu'on a souvent cité de ses *Considérations sur la France* (1796), Joseph de Maistre écrit que « la Constitution de 1795, tout comme ses aînées, est faite pour l'homme, or il n'y a point d'homme dans le monde. J'ai vu dans ma vie des Français, des Italiens, des Russes, etc. ; je sais même grâce à Montesquieu qu'on peut être persan : mais quant à l'homme, je déclare ne l'avoir jamais rencontré de ma vie ; s'il existe, c'est bien à mon insu ». De Maistre ne veut pas dire par là qu'il n'y a pas de nature humaine. Il affirme seulement qu'il n'existe pas d'instance où cette nature se donne à saisir à l'état pur, indépendamment de tout contexte particulier : l'appartenance à l'humanité est toujours médiatisée par une collectivité particulière ou une culture donnée (il n'y a pas pour l'homme d'appartenance *immédiate* à l'humanité, mais seulement une appartenance *médiate*). À l'inverse, que la réalité objective soit indissociable d'un contexte ou d'une interprétation ne veut pas dire qu'elle se ramène à ce contexte, qu'elle n'est rien d'autre que cette interprétation. « Un juste de nature [...] existe, souligne Eric Weil, mais il est partout différent. Partout différent : il n'est pas le même dans une communauté traditionnelle, dans une organisation politique de type tyrannique, dans l'État d'une société moderne. En conclure qu'un tel naturel n'existe que chez nous serait absurde, tout aussi absurde qu'il serait d'affirmer que le *problème* d'un juste de nature se soit posé, ait pu ou ait dû se poser partout[51]. »

Dans *Fragile humanité*[52], Myriam Revault d'Allonnes a proposé une intéressante phénoménologie du fait humain, non au sens d'une construction d'autrui par la sphère de la subjectivité, mais dans une perspective relationnelle qui pose avant tout le « sens de l'humain » comme capacité à échanger des expériences. L'humanité, dit-elle, n'est pas une catégorie fonctionnelle, mais une « disposition à habiter et à partager le monde »[53]. On peut en tirer la conclusion que l'humanité ne se livre pas comme une donnée unitaire, mais sur fond de partage commun. Et que si la diversité est une richesse, l'uniformité est toujours un appauvrissement.

Notes

1. Raimon Panikkar, « La notion de droits de l'homme est-elle un concept occidental ? », in *Diogène*, octobre-décembre 1982, pp. 87-115. Ce texte a été republié in *La Revue du MAUSS*, Paris, 1er sem. 1999, pp. 211-235.

2. François Jullien, « Quel absolu pour les droits de l'homme ? », in *Diversité culturelle et universalité des droits de l'homme*, Cécile Defaut, Nantes, 2010, pp. 98-99.

3. *Art. cit.*, p. 88.

4. Dominique Colas, « Science et différence : la question des droits de l'homme et l'anthropologie », in *Les valeurs de la Révolution devant la science actuelle*, Presses universitaires de Nancy, Nancy, 1990, p. 73. Cf. aussi René-Jean Dupuy, « Les ambiguïtés de l'universalisme », in *Le droit international au service de la paix, de la justice et du développement. Mélanges offerts à Michel Virally*, Pedone, Paris, 1991, pp. 273-280.

5. Les enjeux sont bien situés in Adamantia Pollis et Peter Schwab (ed.), *Human Rights. Cultural and Ideological Perspectives*, Praeger, New York, 1979, dont le premier chapitre (« Human Rights : A Western Construct With Limited Applicability ? », pp. 1-18) constitue une nette critique de l'universalisme occidentalocentré.

6. Sur la difficile question de savoir comment on peut concilier les droits individuels avec les droits collectifs, d'une part, les droits des peuples et le respect de la diversité culturelle de l'autre, cf. notamment *Les droits culturels en tant que droits de l'homme*, Unesco, Paris, 1970 ; Alan John Mitchell Milne, *Human Rights and Human Diversity. An Essay in the Philosophy of Human Rights*, Macmillan, London, 1986 ; Ludger Kühnhardt, *Die Universalität der Menschenrechte. Studie zur*

ideengeschichtlichen Bestimmung eines politisches Schlüsselbegriffs, Günter Olzog, München, 1987; Alison Dundes Renteln, *International Human Rights. Universalism Versus Relativism*, Sage Publ., London-Newbury Park, 1990; Wolfgang Schmale (ed.), *Human Rights and Cultural Diversity*, Keip, Goldbach, 1993; Eva Brems, *Human Rights. Universality and Diversity*, Martinus Nijhoff, The Hague, 2001. Cf. aussi Axel Honneth, « Is Universalism a Moral Trap? The Presuppositions and Limits of a Politics of Human Rights », in James Bohman et Matthias Lutz-Bachmann (ed.), *Perpetual Peace. Essays on Kant's Cosmopolitan Ideal*, MIT Press, Cambridge, 1997, pp. 155-178; Mahmood Mamdani, *Beyond Rights Talk and Culture Talk. Comparative Essays on the Politics of Rights and Culture*, St Martin's Press, New York, 2000; John Headley, *The Europeanization of the World. On the Origins of Human Rights and Democracy*, Princeton University Press, Princeton, 2008.

7. La critique de l'occidentalisation par le truchement de l'idéologie des droits a encore rebondi avec les études dites postcoloniales, dont l'un des principaux représentants est l'historien indien Dipesh Chakrabarty (*Provincializing Europe. Postcolonial Thought and Historical Difference*, Oxford University Press, Princeton, 2000; trad. fr.: *Provincialiser l'Europe. La pensée postcoloniale et la différence historique*, Amsterdam, Paris 2009).

8. Alasdair MacIntyre, *Après la vertu. Étude de théorie morale*, PUF, Paris, 1997, p. 69.

9. Cf. Georges H. Bousquet, *Précis de droit musulman*, Armand Colin, Paris, 1963.

10. S.S. Rama Rao Pappu, « Human Rights and Human Obligations. An East-West Perspective », in *Philosophy and Social Action*, novembre-décembre 1982, p. 24.

11. Cf. Chung-Shu Lo, « Human Rights in the Chinese Tradition », in Unesco (ed.), *Human Rights. Comments and Interpretations – A Symposium*, Allan Wingate, London, 1950; John C.H. Wu, « Chinese Legal and Political Philosophy », in Charles A. Moore (ed.), *The Chinese Mind*, University of Hawaii Press, Honolulu, 1967; Joanne R. Bauer et Daniel A. Bell, *The East Asian Challenge for Human Rights*, Cambridge University Press, Cambridge, 1999.

12. Cf. David Little, John Kelsay et Abulaziz Sachedina, *Human Rights and the Conflicts of Culture. Western and Islamic Perspectives on Religious Liberty*, University of South Carolina Press, Columbia, 1988;

Ann Elizabeth Mayer, *Islam and Human Rights. Tradition and Politics*, 3e éd. rév., Westview Press, Boulder [Colorado], 1999.

13. *La démocratie planétaire : un rêve occidental ?*, Sépia, Saint-Maur des Fossés, 1999, p. 9. Dans le Tiers-monde, ajoute Sophia Mappa, le refus de l'individualisme « éclaire la tendance d'un grand nombre de sociétés à privilégier le polythéisme et la polygamie. L'idéal cher à l'Occident d'un dieu unique comme d'un amour unique n'y est guère partagé » (*Ibid.*, p. 18).

14. On notera que la clitoridectomie n'est pratiquée ni dans la population africaine des Antilles ni chez les Noirs américains. Aux États-Unis, les mutilations sexuelles (circoncision) sont exclusivement réservées aux hommes.

15. La lapidation de la femme adultère n'est pas une pratique spécifiquement musulmane. Elle était autrefois couramment pratiquée en Israël (Lév. 20, 10 ; Deut. 22, 22-24), y compris encore à l'époque de Jésus (Jean 8, 3-6).

16. *Art. cit.*, p. 98.

17. *Ibid.*, p. 100.

18. *Art. cit.*, pp. 93-94.

19. Guillaume Le Blanc, « Désigné étranger », in *Diversité culturelle et universalité des droits de l'homme*, *op. cit.*, p. 46.

20. In Conseil de l'Europe, *Tous concernés. L'effectivité de la protection des droits de l'homme 50 ans après la Déclaration universelle*, Conseil de l'Europe, Strasbourg, 1998, pp. 35 et 39.

21. Pour qualifier cette tendance à nier l'altérité au profit du Même, l'universitaire américaine Lynn Hunt évoque une forme d'« empathie imaginaire », au sens où Benedict Anderson parlait de « communautés imaginaires » à propos du nationalisme (*L'invention des droits de l'homme. Histoire, psychologie et politique*, Markus Haller, Genève, 2013).

22. Paul Piccone, « Ten Counter-Theses on New Class Ideology. Yet Another Reply to Rick Touchstone », in *Telos*, New York, printemps 2001, p. 146.

23. Ibid., p. 150.

24. Cité par Edmond Jouve, *Le droit des peuples*, PUF, Paris, 1986, p. 7.

25. Une Déclaration « verte » des droits de l'homme, patronnée par le colonel Kadhafi, avait été adoptée en Libye le 14 mai 1977. En juin 1981, une Charte africaine des droits de l'homme et des peuples,

dite aussi Charte de Banjul, a été proclamée au sommet de Nairobi de l'Organisation de l'unité africaine (OUA). Elle est entrée en vigueur en octobre 1986 et a été ratifiée par tous les États africains. Une Déclaration islamique universelle des droits de l'homme a été proclamée le 19 septembre 1981 dans les locaux de l'Unesco. Elle se fonde sur le Coran, tout en affirmant le droit à la liberté religieuse (art. 13). En 1994, le Conseil de la Ligue arabe a adopté une Charte arabe des droits de l'homme, qui est entrée en vigueur quatorze ans plus tard, en 2008. Une Cour africaine des droits de l'homme et des peuples, enfin, a été créée en 1998 (elle a commencé à fonctionner en juin 2006 à Arusha, en Tanzanie). Tous ces documents s'efforcent avec des bonheurs variés de concilier les principes généraux des droits de l'homme avec les prérogatives des cultures particulières et l'existence des peuples. Elles résultent généralement d'un compromis difficilement tenable entre la thèse selon laquelle le droit des peuples prime le droit de l'individu et celle selon laquelle les droits individuels doivent s'imposer sans considération d'appartenance de groupe.

26. Norbert Rouland, « Anthropologie juridique : aux confins du droit », in *Sciences humaines*, Paris, mai 1992, p. 33.

27. La question du droit des peuples achoppe en outre sur une difficulté classique : la définition du peuple en droit international et sa distinction juridique par rapport à l'État, indispensable si l'on veut défendre les droits des minorités. Cf. à ce sujet Alain Fenet (éd.), *Droits de l'homme, droits des peuples*, PUF, Paris, 1982.

28. *Op. cit.*, p. 108.

29. Jacques Julliard est allé jusqu'à écrire que « le droit des peuples est devenu le principal instrument d'étranglement des droits de l'homme » (*Le Tiers-monde et la gauche*, Seuil, Paris, 1979, p. 38). Le droit à la différence est pareillement condamné par un partisan résolu de l'acculturation, Sélim Abou, qui, dans *Culture et droits de l'homme* (Hachette-Pluriel, Paris, 1992), attaque violemment Lévi-Strauss. Le même auteur assure que « les droits de l'homme trouvent leur fondement dans la nature rationnelle de l'homme, en tant que la raison est exigence de liberté pour soi et pour les autres et que cette exigence constitue un droit naturel inaliénable » (p. 75).

30. Alain Renaut, « Droits de l'homme », in *L'Express*, Paris, 30 septembre 1988, p. 55.

31. John Rawls, *Le Monde*, Paris, 30 novembre 1993, p. 2.

32. William Schutz, « Power, Principles and Human Rights », in *The National Interest*, New York, été 2002, p. 117.

33. *Art. cit.*, p. 106.

34. Claude Lévi-Strauss, *Race et histoire* [1952], Gallimard, Paris, 1987. Cf. aussi *Race et culture*, Unesco, Paris 1971.

35. Cf. par exemple Michael J. Perry, « Are Human Rights Universal ? The Relativist Challenge and Related Matters », in *Human Rights Quarterly*, août 1997, pp. 461-509.

36. *Art. cit.*, pp. 94-96.

37. Adamantia Pollis et Peter Schwab, *Op. cit.*

38. Raymond Aron, « Pensée sociologique et droits de l'homme », in *Études politiques*, Gallimard, Paris 1972, p. 232.

39. *Op. cit.*, p. 68.

40. *Ibid.*, p. 70.

41. Hubert Védrine, « Refonder la politique étrangère française », in *Le Monde diplomatique*, Paris, décembre 2000, p. 3.

42. *Art. cit.*, p. 97.

43. Claude Lévi-Strauss, *Le regard éloigné*, Plon, Paris, 1983, p. 378.

44. « Je n'adopte pas sans réserve l'idéologie française du "droit d'ingérence", disait encore Hubert Védrine. D'abord parce qu'elle ressemble vraiment trop au "devoir de civilisation" des colonisateurs français du XIXe siècle et au fardeau de l'homme blanc de Rudyard Kipling » (*art. cit.*, p. 3).

45. René Gallissot et Michel Trebitsch, *Les droits de l'homme et le nouvel occidentalisme*, n° spécial de *L'Homme et la société*, Paris, 1987, 3-4, p. 7. Cf. aussi Rino Genovese, *La tribù occidentale*, Bollati Boringhieri, Torino, 1995.

46. *Op. cit.*, pp. 9-10.

47. François Flahaut, *Le sentiment d'exister. Ce soi qui ne va pas de soi*, Descartes et Cie, Paris, 2002, pp. 454-455.

48. *Art. cit.*, p. 228.

49. *Ibid.*, p. 232.

50. François De Smet, *Les droits de l'homme. Origines et aléas d'une idéologie moderne*, Cerf, Paris, 2001, p. 140.

51. Eric Weil, « Du droit naturel », in *Essais et conférences*, Plon, Paris, 1970, p. 193.

52. Aubier, Paris, 2002.

53. *Ibid.*, p. 37.

Au-delà des droits de l'homme : politique, liberté, démocratie

D'Augustin Cochin à Joseph de Maistre, d'Edmund Burke à Karl Marx, de Hannah Arendt à Michel Villey, la plupart des critiques de l'idéologie des droits de l'homme en ont dénoncé l'universalisme et l'égalitarisme abstrait. Ils ont également fait remarquer qu'en dépouillant de toutes ses caractéristiques concrètes l'homme dont elle proclame les droits, au risque d'en faire une coquille vide, cette idéologie menace d'aboutir au nivellement et à l'uniformisation. Si l'on admet que l'affirmation des droits de l'homme vise au premier chef à garantir l'autonomie des individus, leur capacité à décider par eux-mêmes et à se soustraire à la domination, on comprend du même coup qu'il y a là une contradiction.

L'abstraction des droits de l'homme est sans doute ce qui risque le plus de les rendre inopérants. La raison principale en est qu'il est contradictoire d'affirmer à la fois la valeur absolue de l'individu et l'égalité des individus dans le sens d'une identité foncière. Si tous les hommes se valent, s'ils sont tous fondamentalement les mêmes, s'ils sont tous « des hommes comme les autres », loin que puisse être reconnue la personnalité unique de chacun d'entre eux, ils apparaîtront, non pas comme irremplaçables, mais au contraire comme interchangeables. Ne se distinguant plus par leurs qualités particulières, seule la plus ou moins grande quantité de leurs avoirs fera la différence. L'équivalence abstraite, en d'autres termes, contredit nécessairement la proclamation de l'absolue singularité des sujets : aucun homme ne peut être à la fois « unique » et foncièrement identique à tout autre. Inversement, on ne peut affirmer la valeur unique d'un individu tout en tenant pour indifférentes ses caractéristiques personnelles, c'est-à-dire sans spécifier ce qui le rend différent des autres. Un monde où tous se valent dans le sens de la mêmeté, où tous ressortissent d'abord du Même, n'est pas un monde où « rien ne vaut une vie », mais un monde où une vie ne vaut rien.

Cette problématique avait été bien entrevue par Alexis de Tocqueville, qui mettait en relation directe la montée de la valeur d'égalité et le risque d'uniformation au sein de la vie sociale[1]. Elle a été reprise plus tard par Hannah Arendt, qui montre que poser l'homme comme abstraction pure, c'est accroître sa vulnérabilité. « Le paradoxe impliqué par la perte des droits de l'homme, écrit-elle, c'est que celle-ci survient au moment où une personne devient un être humain en général [...] ne représentant rien d'autre que sa propre et absolument unique individualité qui, en l'absence d'un monde commun où elle puisse s'exprimer et sur lequel elle puisse intervenir, perd toute signification[2]. »

Résumant la thèse de Hannah Arendt, André Clair souligne la « relation entre l'affirmation de droits universels abstraits et l'échec des droits de l'homme à assurer le respect le plus élémentaire des êtres humains comme personnes. Précisément, ce que méconnaît la doctrine des droits de l'homme, avec sa thèse de l'égalité abstraite, c'est qu'il n'y a pas de droits effectifs sans reconnaissance des différences entre les êtres. Là est la pointe de la thèse : les droits de l'homme ne peuvent être que des droits à la *singularité*. [...]

Bien entendu, il s'ensuit une relativité de ces droits, liée à leur effectivité, celle d'une communauté historique. Mais bien plus que cela, c'est une thèse métaphysique qui est en cause, celle de la différence ontologique : le droit n'a pas son principe en l'homme, même pas dans une subjectivité universelle fondatrice, mais il est un élément du monde ; c'est la différence ontologique, méconnue par l'affirmation de l'égalité abstraite, qui seule donne sa pleine signification aux droits de l'homme, en reconnaissant d'abord une transcendance d'un monde déjà constitué de significations, [...] Il ne s'agit nullement d'un droit absolu de chacun à la différence, mais de reconnaître que seuls des droits enracinés dans des traditions et vécus dans des communautés ont de l'effectivité »[3].

Il n'est que trop aisé de rappeler ici que la même société qui a affirmé avec le plus de force les droits de l'individu est aussi celle qui, dans les faits, a mis en place des mécanismes d'hétéronomie collective extrêmement pesants. Les deux phénomènes, on le sait aujourd'hui, ne pouvaient aller l'un sans l'autre, ne serait-ce que parce que seul l'État, devenu rapidement État-Providence, était en mesure d'atténuer les effets destructeurs pour le tissu social de la montée de l'individualisme. Or, l'intervention de l'État dans tous les domaines contredit l'autonomie des volontés, censée fonder la responsabilité des sujets de droit. Michel Villey avait déjà remarqué que « chacun des prétendus droits de l'homme est la négation d'autres droits de l'homme, et pratiqué séparément est générateur d'injustices »[4]. L'idéologie des droits de l'homme n'a empêché, par exemple, ni la domination des peuples par des élites mondialisées, ni le conditionnement publicitaire, ni l'instauration d'une société de surveillance et de contrôle tous azimuts.

« L'émancipation des individus de la contrainte primordiale qui les engageait envers une communauté supposée les précéder quant à son principe d'ordre, et qui se monnayait en très effectives attaches hiérarchiques d'homme à homme, observe Marcel Gauchet, loin d'entraîner une réduction de rôle de l'autorité, comme le bon sens, d'une simple déduction, le suggèrerait, a constamment contribué à l'élargir. L'indéniable latitude acquise par les agents individuels sur tous les plans n'a nullement empêché, mais au contraire, a régulièrement favorisé la constitution, à part et en sus de la sphère de l'autonomie civile, d'un appareil administratif prenant de plus en plus largement et minutieusement en charge l'orientation collective. [...] Plus s'approfondit le droit des hommes sur la définition de leur société, et plus l'emprise organisatrice de l'État bureaucratique, sous couvert de leur en permettre l'exercice, leur en dérobe, en fait, la faculté[5]. »

Qu'en est-il alors aujourd'hui du « règne des droits de l'homme » ? Dans la vie courante, la question des fondements n'est pratiquement plus posée. Nos contemporains ne fondent plus guère les droits sur la nature humaine, depuis que l'on sait qu'aucun « état de nature » n'a jamais précédé la vie en société, et surtout depuis que l'on a appris que la « nature », pour autant qu'elle ait quelque chose à nous dire, oriente dans une direction bien différente de celle de l'idéologie des droits. Mais ils ne sont pas devenus kantiens pour autant. Ils cherchent plutôt à conserver la notion de « dignité » tout en la détachant de toute idée de loi morale. « Respecter la dignité de l'autre être humain, observe Pierre Manent, ce n'est plus respecter le respect qu'il conserve en lui-même pour la loi morale, c'est aujourd'hui, de plus en plus, respecter le choix qu'il a fait, quel que soit ce choix, en réalisation de ses droits[6]. »

La tendance actuelle, plus précisément, consiste à convertir en « droits » toute espèce d'exigence, de désir ou d'intérêt.

Les individus, à la limite, auraient le « droit » de voir satisfaire n'importe quelle revendication, au seul motif qu'ils peuvent la formuler. Or, il est évidemment impossible d'opposer à l'inflation constante du nombre des « droits » des objections tirées de l'idéologie des droits. L'illimitation, là aussi, est la règle. Cette prolifération des « désirs » dans la société de consommation postmoderne a été bien étudiée par les psychanalystes de tradition lacanienne, qui mettent en rapport la multiplication des droits individuels avec la croissance non maîtrisée des désirs résultant de l'effacement grandissant du Père symbolique[7]. Les droits comme prérogatives naturelles étant coupés du droit comme institution, plus rien ne vient interdire les fantasmes de l'« ego-roi » qui séparent le sujet d'avec lui-même. La postmodernité nous a ainsi fait basculer de l'ère du sujet « névrotique », encore soumis à un surmoi, au sujet purement « narcissique » incapable de limiter et de maîtriser ses pulsions dans un climat général marqué par la disparition des repères (le Tiers, la Référence), le déni de la différence, la désinstitutionnalisation et la rivalité mimétique telle qu'elle a été théorisée par René Girard.

Aujourd'hui, réclamer ses droits, faire valoir ses sentiments subjectifs, c'est seulement une façon de chercher à maximiser son intérêt. L'avènement du consommateur de droits rejoint ainsi l'idéal économique de l'homme seulement préoccupé de maximiser son utilité personnelle. « L'*homo œconomicus* à la recherche de son intérêt, remarque Guy Roustang, a son homologue dans le monde de la politique : l'individu qui se définit par ses droits[8]. » C'est pourquoi le citoyen a de plus en plus de mal à trouver sa place dans une société politiquement conçue sur le modèle d'un marché autorégulé. Réduits à un simple catalogue de désirs posés comme autant de besoins, les droits prolifèrent continuellement sans plus s'embarrasser de véritables raisons d'être. Cette inflation des droits correspond à ce que Michael J. Sandel a appelé la « république procédurale », et à la consécration de la figure de l'« individualiste indépendant » (Fred Siegel)[9].

Est-on alors encore dans une société qui « respecte les droits de l'homme », ou dans une société qui a décidé de faire droit à toutes les formes de désir, de « reconnaître » tous les choix de vie, tous les contenus d'existence, toutes les préférences et toutes les orientations, pourvu que celles-ci n'interfèrent pas trop avec celles des voisins ? Reconnaître les droits de l'homme, cela se ramène-t-il à considérer tous les penchants comme légitimes, au risque de consacrer la dictature des minorités ?

La banalisation des droits entraîne en tout cas leur dévalorisation. « Ce pluralisme sans limites, écrit Simone Goyard-Fabre, engendre une déréliction tragique : déréliction juridique, puisque le concept de droit se dissout dans le mouvement incontrôlé de revendications sans fin ; déréliction ontologique, car le fait que l'être humain décline sa responsabilité personnelle au profit d'une responsabilité dite collective engendre l'irresponsabilité [...] ; déréliction axiologique, car la permissivité totale qui est à l'horizon de la surproduction délirante des droits contient le germe d'un passage aux extrêmes où la démesure et l'excès charrient des pesanteurs qui s'apparentent à un flot nihiliste[10]. »

Une autre conséquence, directement liée à l'affirmation de l'individu et de ses droits, est l'extraordinaire montée en puissance de la sphère juridique, désormais perçue comme capable par elle-même de réguler la vie politique et de pacifier la vie sociale. Tocqueville disait qu'aux États-Unis, il n'y a guère de question politique qui ne finisse par se résoudre un jour ou l'autre en question judiciaire. Cette situation s'est peu à peu étendue à l'ensemble des pays occidentaux, où les pouvoirs des juges ne cessent de s'étendre et où les rapports sociaux sont de plus en plus déterminés en termes de droits. « L'espace politique devient simplement le lieu où les individus [...] conçus comme des agents rationnels, mus par leur intérêt personnel sans aller toutefois jusqu'à enfreindre la morale, acceptent de soumettre leurs revendications à une procédure d'adjudication qu'ils tiennent pour juste[11]. » Se dessine alors un océan procédural où les avocats et les juristes se retrouvent chargés de réguler, avec un bonheur inégal, la nouvelle lutte de tous contre tous. Et le discours des droits enfle encore avec l'internationalisation des litiges liés à l'extension des échanges commerciaux et des risques globaux.

Le problème est que les déclarations des droits, dans la mesure même où elles veulent tout englober, sont inévitablement plus floues que les lois nationales. La difficulté est alors de les traduire en droit positif, sans entamer le consensus dont elles font l'objet. D'où ce paradoxe, bien relevé par Pierre Manent : « Si l'on s'appuie à l'avenir principalement sur les droits de l'homme pour rendre la justice, la "manière de juger" ne pourra être fixe. L'arbitraire, c'est-à-dire ce contre quoi précisément nos régimes ont voulu se prémunir en instituant le contrôle de constitutionnalité, ira alors croissant, et sera paradoxalement le fait des juges. Or, un pouvoir qui découvre qu'il peut agir arbitrairement ne tarde pas à user et abuser de cette latitude. Il tend au despotisme[12]. »

Le droit international issu de l'ordre westphalien (1648) est aujourd'hui pareillement bouleversé par l'idéologie des droits de l'homme, qui justifie le droit (ou le devoir) d'« ingérence humanitaire », c'est-à-dire la guerre préventive, naguère régulièrement assimilée à la guerre d'agression. Ce droit d'ingérence humanitaire, qui viole ouvertement la charte des Nations Unies, n'a aucun précédent dans le droit des nations[13]. Il suggère que tout État, quel qu'il soit, peut à son gré intervenir dans les affaires intérieures d'un autre État, quel qu'il soit, au prétexte d'y empêcher des « atteintes aux droits de l'homme ». Justifiant l'interventionnisme politico-militaire auquel la décolonisation avait théoriquement mis fin, il permet à un ensemble de pays ou d'instances prétendant agir au nom d'une nébuleuse « communauté internationale » d'imposer partout leur façon de voir sans tenir compte ni des préférences culturelles ni des pratiques politiques et sociales acceptées ou ratifiées démocratiquement. On voit tout de suite les risques de dérive afférents à une telle doctrine, qui ouvre tout simplement la porte à des guerres sans fin, le *jus ad bellum* prenant définitivement le pas sur le *jus in bello*.

C'est évidemment l'universalisme des droits de l'homme qui explique son ralliement à cette conception utopique de l'ordre international. La croyance en des droits naturels universellement valables conduit en effet à prôner un ordre international au sein duquel l'individu serait la valeur suprême[14]. Les guerres dites humanitaires permettent à une « police cosmopolitique » de mener des attaques militaires en invoquant ce que Jürgen Habermas appelle, à l'instar de Kant, le « droit des citoyens du monde » (*Weltbürgerrecht*). Il en résulte que la souveraineté des États doit être tenue pour négligeable. Emmanuel Kant le disait déjà : « La politique doit (ultimement) plier le genou devant le droit » et « le droit de l'homme doit être tenu pour sacré, dût-il en coûter de gros sacrifices à la puissance souveraine »[15]. C'est dans cet esprit, rapporte Gérard Israël, que « René Cassin et quelques autres entreprenaient dès 1948 un travail de sape tendant à réduire à néant la grande règle des relations internationales : la non-ingérence dans les affaires d'autrui »[16], ce qui revenait, remarquons-le au passage, à violer la règle selon laquelle la liberté des uns s'arrête nécessairement là où elle menace la liberté d'autrui. Or, le viol de la souveraineté nationale d'un État, même dans le cadre d'un mandat d'une autorité supranationale, est totalement contraire aux fondements du droit international actuel, qui stipule qu'un État n'est lié par une règle de droit que s'il l'a admise en ratifiant un traité ou en adhérant à une norme déjà existante. En d'autres termes, avec la théorie des droits de l'homme, les nations et les peuples ne sont plus libres de mener la politique qu'ils veulent. Cette limitation de la souveraineté des États et des peuples par le discours des droits de l'homme a des effets dévastateurs, en ce qu'elle rend impossible toute action collective qui chercherait à s'émanciper de ses limitations[17].

Certes, l'idée d'une justice s'exerçant par-delà les frontières peut séduire. Mais il faut bien voir qu'elle se heurte à des obstacles insurmontables, car on peut difficilement « moraliser » des relations internationales qui restent déterminées avant tout par des questions de puissance. Le droit ne peut en effet flotter au-dessus du politique. Il ne peut s'exercer qu'à l'intérieur d'une communauté politique ou résulter de la décision de plusieurs unités politiques de se lier entre elles de la façon qui leur convient. Cela signifie qu'aussi longtemps qu'il n'existe pas de gouvernement mondial, le droit d'ingérence humanitaire ne peut être qu'un simulacre de droit.

Dans son essai sur la « paix perpétuelle », Kant appelait précisément de ses vœux l'instauration d'un « État universel à la puissance duquel tous les États particuliers devraient librement se plier pour obéir à ses lois »[18]. La « religion de l'humanité » appelle logiquement une gouvernance mondiale, ce qui implique la suppression de la souveraineté des États et le report de cette souveraineté à une instance censée régenter le monde entier – bien qu'en toute rigueur rien ne garantisse, si une telle instance existait, qu'elle pourrait ou même voudrait faire appliquer les droits de l'homme partout dans le monde, comme l'imaginent en général les tenants de l'universalisme moral[19].

En l'absence d'un gouvernement mondial, toute une série d'institutions juridiques supranationales ont déjà été créées qui donnent à des juges internationaux non élus le pouvoir de sanctionner les États au nom des droits de l'homme. La Convention européenne de sauvegarde des droits de l'homme (CESDH) du 4 novembre 1950 était déjà conçue comme une façon de faire de la Déclaration de 1948 un instrument contraignant, avec l'espoir de la voir devenir une « loi universelle de par la pratique des États » (Mary Robinson), c'est-à-dire un *jus cogens*, un ensemble de normes ne souffrant aucune dérogation. La Cour européenne des droits de l'homme (CEDH), instituée en 1959 par le Conseil de l'Europe et qui, depuis 1998, peut être saisie directement par les ressortissants des États membres du Conseil de l'Europe, est aujourd'hui devenue, grâce à une jurisprudence foisonnante, une véritable cour constitutionnelle appelée à dire le droit, par-dessus les États, pour quelque 800 millions d'Européens, bien qu'elle n'ait pour ce faire aucune légitimité démocratique. « Elle est, écrit Félix Morès, l'instrument le plus constamment efficace de la transformation des droits de l'homme en idéologie, c'est-à-dire d'un basculement de la défense des libertés individuelles, qui paraît légitime, au contrôle de plus en plus restrictif des libertés publiques qui, pour peu que l'on exige que le mot peuple renvoie à une certaine réalité, a une certaine substance, parfaitement antidémocratique[20]. » Ont également été créés un haut-commissariat des Nations

Unies pour les droits de l'homme en 1993, une Cour pénale internationale en 1998, un Conseil des droits de l'homme aux Nations Unies en 2006, etc.

Le 2 décembre 2015, le Parlement russe a adopté à la quasi-unanimité (434 voix sur 438) une loi autorisant la Russie à ne pas appliquer les décisions de la Cour européenne des droits de l'homme qui se révéleraient contraires à sa Constitution. Deux ans plus tôt, la Cour suprême de Russie avait également jugé qu'aucun traité international ne saurait prévaloir sur la souveraineté nationale russe. C'est là le type même de décisions que l'idéologie des droits de l'homme ne peut que tenir pour nulles et non avenues.

Toute justice a besoin d'une puissance politique qui lui serve au moins de force d'exécution. Or à l'heure actuelle, la force appelée à jouer le rôle d'une police planétaire ne peut être que celle de forces armées assez puissantes pour que nul ne puisse leur résister. Comme les armées sont toujours au service d'États particuliers, cela revient donc à consacrer l'hégémonie des superpuissances, dont il serait naïf de croire qu'elles ne chercheront pas d'abord à servir leurs propres intérêts, fût-ce en couvrant leurs agressions du manteau de la morale et du droit. Il en résulte que, parmi les présumés coupables, seuls les faibles pourront être châtiés, tandis que les puissants, qui ne sauraient être amenés à se punir eux-mêmes, ne seront pas inquiétés[21]. Or, une justice qui n'est pas la même pour tous ne mérite pas ce nom.

Rappelant un mot attribué à Proudhon : « Qui dit humanité veut tromper », Carl Schmitt avait déjà remarqué que « le concept d'humanité est un instrument idéologique particulièrement utile aux expansions impérialistes, et sous sa forme éthique et humanitaire, il est un véhicule spécifique de l'impérialisme économique »[22]. En toute hypothèse, l'humanité n'est pas un concept politique. Une « politique mondiale des droits de l'homme » est donc, elle aussi, une contradiction dans les termes.

L'idée qu'en politique le bien ne peut qu'engendrer le bien ignore ce que Max Weber appelait le paradoxe des conséquences. L'expérience historique montre que les meilleures intentions peuvent avoir des effets catastrophiques. Elle montre aussi que le droit d'ingérence ne règle jamais aucun problème, mais tend au contraire à les aggraver, ainsi qu'on a pu le voir au Kosovo, en Afghanistan, en Irak ou en Libye. La démocratie et les libertés ne s'imposent pas de l'extérieur, surtout en un instant. Leur instauration ne peut résulter que d'une évolution locale, non d'une conversion forcée. Au surplus, on voit bien que les souverainetés politiques attaquées ou laminées par le discours des droits de l'homme ne disparaissent pas au profit d'un monde pacifié et plus juste, mais au profit de souverainetés économiques et financières, génératrices d'inégalités et de tensions sociales, exercées plus arbitrairement encore par les entreprises multinationales et les marchés financiers. « L'idéologie des droits de l'homme, constate Alain Bertho, appelle moins à la libération des peuples qu'à la police des États[23]. »

À peine la Révolution avait-elle proclamé les droits de l'homme que, pour les rendre plus effectifs, elle instituait la Terreur. De 1792 à 1801, c'est au nom de la « liberté » que la France s'est engagée dans une politique d'occupation, d'annexions et de conquêtes. L'enfer, comme toujours, est pavé de bonnes intentions[24]. De tout temps, c'est au nom de principes idéaux que l'on a déclenché des guerres, massacré des populations entières, détruit des villes et des cultures. Le droit d'ingérence humanitaire est pareillement belligène. « Il n'est pas exclu que, de même que les hommes se font la guerre "pour une paix meilleure", écrivait

Julien Freund, il n'arrive qu'un jour ils se battent au nom de conceptions également recommandables concernant les droits de l'homme[25]. » On en est très exactement là. Bernard Kouchner, qui se flattait autrefois de « se trouver toujours du côté de ceux qui reçoivent les bombes et non de ceux qui les lancent », déclarait en 2002 : « Une guerre préventive est une notion qui me paraît, non seulement très juste, mais qui s'approche de ce que, avec d'autres, nous avons proposé comme devoir, puis droit d'ingérence[26]. » Mais le droit d'ingérence ne justifie pas seulement la guerre préventive. En dotant les guerres qu'il provoque d'un caractère moral, en les présentant comme des « guerres justes », il aboutit à criminaliser l'ennemi, à en faire une figure du Mal : qui fait la guerre au nom de l'humanité ne peut que placer ses adversaires hors humanité, et donc hors de tout droit. Par définition, la « guerre juste » (à *justa causa*, par opposition à la guerre à *justus hostis*) est une guerre totale. Le « juste » et le *bien*, ce n'est décidément pas la même chose.

*

On sait que la doctrine des droits de l'homme, définissant les droits comme des attributs inhérents à la nature humaine, pose l'individu comme autosuffisant. « Les droits fondamentaux au sens propre, rappelle Carl Schmitt, ne sont que les droits libéraux de l'homme comme personne individuelle[27]. » C'est d'ailleurs parce que les droits de l'homme sont les attributs d'un individu isolé, d'un sujet désengagé, indépendant de ses semblables, car censé trouver en lui-même ses raisons d'être essentielles, qu'ils ne sont pas posés comme la contrepartie de devoirs qui leur seraient symétriques (ce dont certains s'étonnent régulièrement, avec une certaine naïveté). Il n'y a en effet de devoirs que par rapport à autrui, tandis que les droits inhérents à l'individu sont à la fois indépendants et antérieurs à tout rapport à autrui[28]. Cet individualisme était à l'origine si marqué que la Déclaration de 1789 ignore la liberté d'association, et plus largement toute forme de droit collectif, ses auteurs condamnant par ailleurs (loi Le Chapelier, décret d'Allarde) tous les groupements à base professionnelle. Les droits collectifs sont aujourd'hui reconnus, mais les droits de l'homme sont toujours des droits dont la réalisation est censée, en dernière instance, concerner le seul individu, même lorsque certains de ces droits ne peuvent se réaliser que collectivement.

« L'humanisme moderne est un subjectivisme abstrait, écrit Jean-Louis Vullierme. Il imagine les hommes comme des individus préconstitués, substances universellement porteuses des mêmes attributs, aptes à faire valoir les mêmes exigences en toutes circonstances d'après des règles formelles déductibles d'une rationalité unique[29]. » Cet individualisme ou atomisme, on l'a vu, implique évidemment le contractualisme : dès lors qu'il n'y a au départ que des individus isolés, on ne peut expliquer la formation des sociétés que par le contrat, procédure juridique caractéristique du droit privé : antérieurement au marché, il n'y a que lui qui puisse tourner l'immense difficulté qu'il y a à fonder la légitimité d'une société sur le principe de l'indépendance de l'individu, c'est-à-dire sur « le principe le plus asocial qui soit »[30]. Cependant, dans la doctrine des droits de l'homme, le contrat social ne change pas la nature des individus. La société demeure une simple somme d'atomes individuels aux volontés souveraines, tous également mus par la recherche rationnelle de leur meilleur intérêt. Chaque agent définit ses objectifs par lui-même, de façon volontaire, et n'adhère à la société que sur une base instrumentale. En d'autres termes, seul l'individu existe vraiment, tandis que la société ou la collectivité n'est qu'une abstraction, un faux-semblant ou une réalité surajoutée.

Pour les théoriciens des droits, la politique n'a donc rien de naturel. Par rapport à l'état de nature, elle constitue une superstructure artificielle, dont la nécessité est purement contingente. Cette superstructure, pour être légitime, doit être au service de l'individu et renoncer à se définir comme action menée par un être collectif: « Le *but* de toute association politique, lit-on à l'art. 2 de la Déclaration de 1789, est la conservation des droits naturels et imprescriptibles de l'homme », ce qui contredit à angle droit l'opinion de Jean-Jacques Rousseau, selon qui la loi devant être conçue comme l'expression de la loi générale, il n'y a aucune raison de doter les individus de droits dont ils puissent se prévaloir contre elle. Dans le même esprit, la Déclaration de 1791 dit que « le gouvernement est institué pour garantir à l'homme la jouissance de ses droits naturels et imprescriptibles » (art. 1). La Déclaration d'indépendance américaine proclame elle aussi que « les gouvernements sont établis par les hommes pour garantir [leurs] droits ». Au sein de la société, l'homme ne se définit donc pas d'emblée comme citoyen, mais d'abord comme membre de la « société civile » (ou sphère privée), celle-ci se définissant elle-même comme la part de la société qui peut à bon droit être soustraite à la vie politique (ou sphère publique). Au lieu que la vie de la cité vienne en premier, les Modernes considèrent que les principes fondamentaux de l'État et de la société sont à déduire des propriétés de la nature d'un homme considéré « comme un être autonome, indépendamment de toute attache sociale ou politique » (Louis Dumont). C'est bien pourquoi la théorie des droits donne la priorité aux droits *privés* de l'individu. Comme l'écrit Marcel Gauchet, « ce n'est pas de n'importe quelle version des droits de l'homme qu'il est question, mais d'une version exactement définie, qui consiste à exploiter l'inhérence des droits à la personne contre l'appartenance du citoyen »[31].

Au départ, la théorie des droits de l'homme semblait s'élever seulement contre une forme politique particulière, en l'occurrence le despotisme. Mais en fait, c'est contre *toute* forme de politique que se déploie son argumentation. L'idée-clé est celle d'une opposition de principe, toujours latente, entre l'individu et la communauté ou la collectivité à laquelle il appartient. L'individu serait toujours menacé par ce qui excède son être individuel, en sorte que c'est seulement en affirmant ses prérogatives d'individu qu'il se prémunirait contre cette menace. Dans cette optique, ni la société, ni la famille, ni les pouvoirs publics, ni les relations sociales, ni même la culture ne sont perçus comme pouvant constituer aussi une protection. D'où la nécessité de garantir aux actions individuelles une sphère inviolable et « sacrée ». Or, les libertés concrètes ne sont nullement des droits subjectifs, mais les conséquences d'un ordre politico-juridique général : l'ordre public n'est pas un cadre vide destiné à des libertés déjà constituées, mais l'œuvre d'une volonté politique qui a décidé d'organiser les libertés de telle manière et non d'une autre[32].

Il n'est donc pas exagéré de dire que la proclamation des droits revêt dès l'origine un sens antipolitique. Comme le remarque Carl Schmitt, elle signifie que « la sphère des libertés de l'individu est en principe *illimitée*, tandis que celle des pouvoirs de l'État est par principe *limitée* »[33]. Parallèlement, la théorie des droits de l'homme crée une nouveauté radicale : une liberté indépendante de toute participation aux affaires politiques, une liberté de l'individu séparée de la liberté de la communauté politique à laquelle il appartient, idée qui aurait été considérée dans l'Antiquité « comme absurde, immorale et indigne d'un homme libre » (Carl Schmitt). Enfin, si les droits sont illimités dans leur principe, les devoirs envers la collectivité, eux, ne peuvent être que limités – à la fois parce qu'étant liés à la vie sociale, ils ne peuvent pas être la contrepartie de droits inhérents à la nature humaine, et parce qu'il serait contradictoire, du point de vue de la théorie des droits, d'imaginer des devoirs illimités envers des entités conçues comme potentiellement toujours menaçantes pour l'individu. Dans cette optique, certaines questions sont délibérément laissées de côté, par exemple la question de savoir si et dans quelles circonstances une collectivité peut avoir des droits par rapport aux individus qui la composent. Dans le meilleur des cas, toute restriction des droits par le pouvoir politique ne peut que recevoir le statut d'exception.

Une bonne illustration de l'antagonisme existant entre l'affirmation du primat de l'individu et l'organisation politique de la société est fournie par la façon dont la Révolution française a tenté de concilier les droits de l'homme et ceux du citoyen en cherchant à retranscrire en termes de droit positif des principes qui n'appartiennent qu'au droit naturel moderne – question qui, à bien des égards, ressemble au vieux problème de l'union de l'âme et du corps.

L'art. 2 de la Déclaration de 1791 affirme que les droits du citoyen ont pour destination exclusive la conservation des droits de l'homme. Cette affirmation est répétée à l'art. 1 de la Déclaration de 1793. Par là, le droit révolutionnaire vise de toute évidence à réconcilier le droit subjectif et le droit objectif, le droit naturel et le droit positif, à assurer la jointure de la citoyenneté et de l'appartenance à l'humanité. Pourtant, sous la Révolution, l'homme « naturel » n'apparaît vraiment saisissable que sous l'espèce du citoyen. L'une des raisons en est probablement que le pouvoir révolutionnaire succédait à un pouvoir étatique déjà existant, alors que les Déclarations américaines des droits visaient, dans un contexte totalement différent, à édifier de toutes pièces une nouvelle entité politique[34]. Rousseau, de son côté, s'était prononcé pour le primat du citoyen dans une page célèbre : « Il faut opter entre faire un homme ou un citoyen ; car on ne peut faire à la fois l'un et l'autre »[35]. « Nous ne commençons à devenir hommes qu'après avoir été citoyens », allait-il même jusqu'à écrire[36]. « Le patriotisme et l'humanité, ajoutait-il dans les *Lettres de la montagne*, sont [...] deux vertus incompatibles dans leur énergie, et surtout chez un peuple entier. Le législateur qui les voudra toutes deux n'obtiendra ni l'une ni l'autre : cet accord ne s'est jamais vu ; il ne se verra jamais, parce qu'il est contraire à la nature, et qu'on ne peut donner deux objets à la même passion[37]. » Les rédacteurs des textes révolutionnaires adhèrent quant à eux à une conception civiliste des droits, qui va de pair avec un fort légicentrisme, et cette tendance est encore renforcée par leur désir de définir en priorité les droits de la nation. La consécration de la souveraineté de la nation l'a en effet emporté rapidement sur celle des droits universels de l'individu. « La nation, écrit Mona Ozouf, n'est pas pensée comme composée d'individus libres et égaux, mais dotée, dès les premiers jours de la Révolution, d'une priorité absolue[38]. » La définition de l'homme comme un sujet naturel qui a besoin de devenir objet d'une législation positive pour être reconnu comme sujet de droit, a donc consacré la supériorité des droits du citoyen.

Il n'en reste pas moins que toute déclaration « des droits de l'homme et du citoyen » est ambiguë, sinon contradictoire, dans la mesure où les droits de l'homme relèvent du droit naturel, tandis que ceux du citoyen, qui sont des droits politiques, relèvent nécessairement du droit positif. Alors que les droits naturels appartiennent à l'homme hors de toute société, les droits du citoyen ne peuvent lui appartenir que pour autant qu'il existe une société organisée ; ce sont des droits politiques, qui ne peuvent être exercés que si l'on est membre d'une communauté. Les droits que l'homme tiendraient de sa « nature », et qui seraient pour cette raison inaliénables, se distinguent en cela des libertés publiques, qui relèvent nécessairement du droit positif, « puisque les droits de l'homme sont déclaratifs alors que les libertés publiques sont des droits non seulement déclarés mais reconnus par les autorités, aménagés et protégés par elles »[39]. Les deux catégories de droits se contredisent également en ceci que les droits naturels tendent à garantir aux individus le droit d'échapper à la vie publique, sous prétexte d'affirmer leur autonomie, tandis que les droits positifs favorisent au contraire leur participation. Enfin, les premiers ne sont par définition assortis d'aucun devoir, tandis que les seconds en appellent inévitablement.

Examinant sous l'angle théorique la définition des droits de l'homme et des droits du citoyen dans la Déclaration de 1789, Karl Marx remarque de son côté que, dans le droit libéral et bourgeois, le développement conjoint de ces deux sphères est rhétoriquement possible, mais concrètement contradictoire, dans la mesure où il coupe l'homme en deux et lui assigne, à l'intérieur de chaque sphère, des finalités qui ne peuvent se concilier ni même se rejoindre. L'homme doit en quelque sorte mener une vie double : « La vie dans la communauté politique où il s'affirme comme un être communautaire, et la vie dans la société civile, où il agit en homme privé, considère les autres comme des moyens, se ravale lui-même au rang de moyen et devient le jouet de puissances étrangères. » La raison en est que, si la vie politique n'est que la garantie des droits de l'homme, alors elle « doit être suspendue dès lors qu'elle se trouve en contradiction avec son *but*, ces droits de l'homme».

«Il est assez énigmatique, ajoute-t-il, qu'un peuple qui commence tout juste à s'affranchir, à faire tomber toutes les barrières entre les différents membres du peuple, à fonder une communauté politique, proclame solennellement (1791) le droit de l'homme égoïste, séparé de son semblable et de la communauté, et reprenne même cette proclamation à un moment où le dévouement le plus héroïque peut seul sauver la nation et se trouve réclamé impérieusement, à un moment où le sacrifice de tous les intérêts de la société bourgeoise est mis à l'ordre du jour et où l'égoïsme doit être puni comme partout (1793). La chose devient plus énigmatique encore quand nous constatons que l'émancipation politique fait de la *communauté politique*, de la communauté civique, un simple *moyen* devant servir à la conservation de ces soi-disant droits de l'homme, que le citoyen est donc déclaré le serviteur de l'"homme" égoïste, que la sphère où l'homme se comporte en qualité d'être générique est ravalée au-dessous de la sphère où il fonctionne en qualité d'être partiel, et qu'enfin c'est l'homme en tant que bourgeois, et non pas l'homme en tant que citoyen, qui est considéré comme l'homme vrai et authentique[40].»

La thèse de Marx a été explicitement critiquée par Claude Lefort, qui affirme que c'est au contraire l'abstraction des droits de l'homme, leur caractère anhistorique et formel, qui en fait la valeur et garantit la possibilité d'y recourir dans n'importe quelle situation. C'est précisément, dit Lefort, parce que les droits de l'homme sont ceux d'un homme sans détermination qu'ils peuvent répondre à leur définition: «Les droits de l'homme ramènent le droit à un fondement qui, en dépit de sa dénomination, est sans figure, se donne comme intérieur à lui, et en ceci, se dérobe à tout pouvoir qui prétendrait s'en emparer[41]. » Mais Lefort n'explique pas comment de tels droits, dont aucun « pouvoir » ne saurait s'emparer, pourraient en dehors d'un cadre politique, impliquant lui-même un pouvoir, être garantis et appliqués.

Cela pose le problème plus général de l'effectuation des droits. « Le droit implique la faculté de contraindre », estimait Kant, mais comment pourrait-il contraindre par lui-même ? À l'origine, les droits de l'homme relèvent du droit naturel moderne, non du droit positif. Or, à la différence de ce dernier, qui est garanti par un pouvoir ayant autorité sur l'aire où il est censé s'appliquer, le droit naturel ne dispose d'aucun moyen de contrainte. C'est un droit « désarmé », et le droit naturel moderne l'est plus encore que l'ancien dans la mesure où il ne reconnaît pas la nature sociale de l'homme. Des droits conçus comme attributs inaliénables du sujet, c'est-à-dire des droits dont tout homme est fondé à exiger le respect au seul motif qu'il est un homme, ne possèdent « par eux-mêmes et en eux-mêmes ni dimension ni portée juridique » (Simone Goyard-Fabre). Pour qu'ils puissent en acquérir une, ils doivent être consacrés par des règles de droit positif, lequel ne se conçoit qu'à l'intérieur d'une société. Seul le droit positif peut dire en effet à qui de tels droits doivent bénéficier, qui se trouve lésé et en quoi par leur inapplication, etc. En d'autres termes, les droits subjectifs, posés comme extérieurs à tout fait social, ne peuvent acquérir de consistance effective que dans un cadre social. C'est un premier paradoxe. Régis Debray le résume en ces termes : « Qui se veut simple individu pour jouir d'une plénitude de liberté oublie qu'il n'y a pas de droits de l'homme sans la forme juridique d'un État[42]. »

Un second paradoxe résulte de la difficulté qu'il y a à prétendre que les droits de l'homme doivent primer sur le droit positif, en sorte que tout pouvoir politique doit commencer par s'obliger à les reconnaître, tout en admettant que la validité pratique de ces droits dépend de la capacité de ce même pouvoir politique à les appliquer. Bentham avait déjà stigmatisé cette aporie du contractualisme, qui consiste à fonder les droits du citoyen sur les droits de l'homme, alors que les seconds ne peuvent avoir d'existence effective qu'à partir des premiers. « D'une part, observe Julien Freund, on demande le respect de ces droits au même titre qu'on respecte les dispositions du droit positif, mais de l'autre on laisse entendre avec plus ou moins de perspicacité que la validité de ces droits ne devrait pas dépendre des instances législatives ordinaires, puisqu'ils prétendent à l'universalité[43]. »

Plus généralement encore, cela pose la question des rapports entre la politique et le droit. L'idéologie des droits de l'homme, on l'a vu, pose l'antériorité de ces droits par rapport au fait social et en tire argument pour limiter les prérogatives du politique. Mais le droit, étant impuissant par lui-même, suppose toujours autre chose que lui-même pour s'exercer. Comme l'écrit Marcel Gauchet, « le point de vue du droit ne permet pas de rendre compte du cadre où peut régner le droit. C'est ici qu'il faut passer au point de vue politique. Il est appelé par la mesure des limites des pensées de la fondation en droit »[44].

La tension entre les droits de l'homme et ceux du citoyen, c'est-à-dire de l'homme considéré en tant que membre d'une communauté politique particulière, apparaît encore dans les débats qui ont entouré l'avènement des droits dits « de la seconde génération », c'est-à-dire des droits collectifs ou sociaux.

Sur ce point, la Déclaration des droits de 1789 avait un caractère individualiste extrêmement prononcé, puisqu'elle n'attribuait de droits qu'aux individus et n'en attribuait aucun aux groupes sociaux, considérés comme autant de corps intermédiaires dangereux. Il faut voir là l'influence de l'idéologie du progrès, qui tend à discréditer tout ce qui appartient au passé au seul motif que le passé vaut nécessairement moins que l'avenir. Au nom des droits de l'homme, on a donc mis en accusation, non pas seulement les structures de domination propres à l'Ancien Régime, ce qui était à bien des égards très légitime, mais toutes les structures sociales caractéristiques des sociétés traditionnelles, dont certaines constituaient un indispensable contrepoids ou une protection contre cette domination. Cette attitude est elle-même d'inspiration libérale. « Si parler de *vie commune* n'a de sens que là où il existe des valeurs et des pratiques morales et culturelles partagées, note Jean-Claude Michéa, il faut en conclure qu'une politique libérale exclut par définition toute prise en compte théorique de cette sphère anthropologique particulière. [...] C'est ce qui explique, entre autres, la phobie étonnante des idéologues libéraux à l'égard de tout concept d'"identité" (autrement dit, de normes culturelles ou linguistiques partagées par une collectivité)[45]. »

Les droits de la seconde génération (droit au travail, droit à l'éducation, droit à l'assistance médicale, etc.), dont fait grand cas la Déclaration de 1948, sont d'une tout autre nature que les droits individuels. Parfois qualifiés de « droits-égalité » par rapport aux « droits-libertés », de « droits à » par rapport aux « droits de », ou encore de « *rights of recipience* » par rapport aux « *rights of action* »[46], ils représentent avant tout des créances permettant aux sociétaires de réclamer ou d'obtenir des prestations positives de l'État. Ce ne sont donc pas tant des *attributs* naturels que des *attributions* qu'une société particulière, parvenue à un certain moment de son histoire, pense pouvoir et devoir donner à ses membres. Non seulement ils « présupposent une société civile organisée qui sera le garant de leur effectivité »[47], mais dans la mesure même où ils s'étayent sur la notion de solidarité, ils impliquent le fait social et ne peuvent se déduire de la nature prépolitique de l'individu. Enfin, contrairement aux droits de la première génération, qui sont illimités par principe (on ne peut les restreindre sans porter atteinte à ce qui les fonde), ils sont au contraire limités, car toute créance vis-à-vis d'autrui est limitée par les capacités de prestation et les moyens d'autrui.

Alors que la théorie des droits individuels tend à limiter le pouvoir et l'autorité de l'État, l'institution des droits collectifs fait de ce dernier l'outil privilégié de leur mise en œuvre. L'État est tenu, non plus de s'abstenir, de se restreindre ou de se désengager, mais au contraire de s'impliquer, de s'engager, voire de s'instituer comme l'unique prestataire d'un nombre toujours plus grand de services. « La reconnaissance de droits sociaux ayant le caractère de "créances", écrit Jean-François Kervégan, implique que soit conféré et reconnu à la cité suffisamment de pouvoir sur ses membres pour qu'elle puisse leur garantir la jouissance de ces droits, malgré l'opposition possible des intérêts particuliers entre eux et de certains d'eux à l'égard de mesures susceptibles de les léser[48]. »

Telle est bien la raison de l'hostilité des milieux libéraux envers les droits collectifs, où ils voient une menace contre leurs intérêts et qu'ils qualifient dans le meilleur des cas de « beaux idéaux »[49], c'est-à-dire de vœux pieux sans justification réelle. Si certains de ces droits sont réductibles à des données individuelles, d'autres en effet ne peuvent être répartis : ils ont pour débiteurs, non des individus, mais des collectivités. Le droit d'un individu à parler sa langue, par exemple, est indissociable du droit à l'existence du groupe qui pratique cette langue, et ce second droit conditionne le premier. Or, l'individualisme libéral récuse l'idée même qu'une collectivité puisse se voir attribuer des traits individuels, en l'occurrence des droits, et postule que la valeur d'un bien dépend de sa conformité avec le principe du respect que l'on doit au seul individu. C'est pourquoi Hayek dénonce avec violence les droits sociaux, en tant qu'ils ressortissent d'une justice distributive : « Toute politique se proposant comme but un idéal de justice distributive substantielle mène nécessairement à la destruction de l'état de droit »[50] !

Il serait donc vain de chercher à nier, ainsi que le fait Claude Lefort[51], la profondeur du « fossé générationnel » séparant les droits individuels des droits collectifs. Entre les uns et les autres, il y a une différence de nature, qui va bien au-delà de l'antinomie classique entre l'égalité, assimilée à la justice, et la liberté[52]. D'une part, les droits individuels peuvent faire obstacle à la réalisation des droits collectifs, à moins que ce ne soit l'inverse (c'est pourquoi libéraux et socialistes s'accusent mutuellement de violer les premiers au nom des seconds, ou les seconds au nom des premiers). D'autre part, nombre de biens publics ou sociaux ne sont pas décomposables, ce qui signifie qu'ils n'ont de sens que dans une aperception holiste de l'agir social. L'institution de droits collectifs implique de reconnaître l'importance de la notion d'appartenance et conduit à faire des groupes des sujets de droit, ce que la théorie classique des droits de l'homme s'est toujours refusée à faire. Les libéraux en tirent argument pour critiquer les droits sociaux. On pourrait à bon droit en tirer la conclusion inverse : les droits sociaux, du seul fait qu'ils sont sociaux, sont plus crédibles que ceux tirés d'une « nature » individuelle abstraite, surtout quand ils permettent de remettre à l'honneur la notion de justice sociale.

*

Dans l'opinion commune, la lutte en faveur des droits de l'homme est fréquemment présentée comme un aspect de la lutte en faveur de la démocratie. « La démocratisation complète de l'Europe, déclarait en 1990 Javier Perez de Cuellar, alors secrétaire général des Nations Unies, sera une réaffirmation du caractère universel de la Déclaration des droits de l'homme »[53]. La même opinion a été émise depuis par Francis Fukuyama et par bien d'autres auteurs. Dans cette optique, démocratie et droits de l'homme sont censées progresser du même pas. Les deux notions ne sauraient se contredire. Elles deviennent même presque synonymes.

Cette opinion n'en a pas moins été maintes fois contestée. S'interrogeant sur la relation entre la démocratie et les droits de l'homme, Julien Freund disait qu'elle « n'est pas évidente ». Leur mise en équivalence, écrit Jean-François Kervégan, est pour le moins « problématique »[54]. Myriam Revault d'Allonnes ajoute qu'elle « ne va pas de soi »[55]. Il y a à cela plusieurs raisons.

Une première raison est que la démocratie est une doctrine politique, les droits de l'homme une doctrine juridique et morale, et que ces deux types de doctrine ne s'accordent pas spontanément. En tant que régime politique, la démocratie tend tout naturellement à restreindre ce qui n'est pas démocratique et, plus largement, ce qui n'est pas politique. La théorie des droits, au contraire, tend à restreindre les prérogatives du politique. Mais surtout, ainsi qu'on l'a vu à propos des droits de l'homme et des droits du citoyen, l'une et l'autre n'ont pas le même sujet. L'idéologie des droits de l'homme ne veut connaître que des individus abstraits, la démocratie ne connaît que des citoyens. Or, même s'ils font usage de la même rhétorique juridique, les droits du citoyen (égalité devant la loi, liberté de pétition, droit égal de suffrage et de vote, accès égal aux emplois publics dans la mesure des capacités, etc.) sont fondamentalement différents des droits de l'homme. Ils ne sont pas des attributs de l'homme en tant qu'homme, mais des *capacités* liées, non seulement à un régime politique particulier (la démocratie), mais aussi, et surtout, à une appartenance spécifique (une communauté politique donnée). La théorie des droits de l'homme donne indistinctement le droit de vote à tous les hommes en tant qu'ils sont des hommes (« Un homme, une voix »). La démocratie donne le droit de vote à tous les citoyens, mais le refuse aux non-citoyens. « Les droits démocratiques du citoyen, écrit Carl Schmitt, ne présupposent pas l'individu humain libre dans l'état extra-étatique de "liberté", mais le citoyen vivant dans l'État. [...] Ils ont de ce fait un caractère essentiellement politique[56]. »

Un régime démocratique tient d'autre part sa légitimité du consentement du peuple, celui-ci étant généralement exprimé par le vote. En dernière analyse, la démocratie est le régime qui consacre la souveraineté du peuple. À l'inverse, le discours des droits de l'homme se donne d'emblée comme certitude morale, comme vérité universelle, censée s'imposer partout du seul fait de son universalité. Sa valeur ne dépend donc pas d'une ratification démocratique. Mieux encore, il peut s'y opposer.

« La problématique des droits de l'homme, observe Revault d'Allonnes, relève d'une fondation individuelle – la problématique des droits naturels de l'individu – qui entre inévitablement en tension avec les réquisits de la souveraineté[57]. » Cette tension peut revêtir deux aspects. D'une part, dans la mesure où le droit international inspiré de la théorie des droits de l'homme – le droit d'ingérence – implique une limitation de la souveraineté des États et des peuples, il implique par là même, au sein de tout État démocratique, une limitation de la souveraineté populaire. D'autre part, les conditions dans lesquelles a été énoncée la théorie des droits de l'homme font que le suffrage lui-même ne peut plus être reconnu comme souverain que pour autant qu'il ne contredit pas les postulats de cette théorie. Dans la perspective des droits de l'homme, explique Guy Haarscher, « le principe démocratique ne peut valoir que dans de strictes limites, qui sont précisément celles de la philosophie des droits de l'homme : à supposer qu'un seul individu défende ces derniers contre une opinion majoritaire décidée à les violer, c'est ce solitaire qui, du point de vue de la philosophie contractualiste, [aura] adopté la seule attitude légitime »[58].

Les votes démocratiques n'allant pas dans le sens des droits de l'homme sont donc immédiatement rejetés comme « irrationnels » et illégitimes. La même idéologie s'oppose à ce que le peuple soit consulté, par exemple par voie de référendum, sur des sujets considérés comme trop « sensibles ». Jean-Louis Schlegel met ainsi en garde contre l'usage du référendum populaire au motif qu'« une démocratie véritablement libérale subordonne la décision politique à une loi fondamentale, celle des droits de l'homme inscrits dans la Constitution »[59]. Une certaine dénonciation du « populisme » entre de toute évidence dans ce cadre : quand on aborde la question des « droits de l'homme », le peuple est suspecté de trop souvent mal penser.

« La reconnaissance et la proclamation des droits de l'homme, écrit encore Jean-François Kervégan, impliquent que des limites infranchissables soient posées à la souveraineté, qu'elle soit monarchique ou populaire[60]. » Or, toute limitation de la souveraineté populaire représente une attaque contre le fondement même de la démocratie. Elle équivaut à une obligation faite aux citoyens de renoncer à n'être gouvernés que par les dirigeants qu'ils ont élus. Elle implique que l'autorité ultime à laquelle ils doivent obéissance ne soit plus celle de ces dirigeants élus, mais celle d'instances ou de juridictions internationales dont les membres, parlant en quelque sorte au nom d'une vérité révélée, n'ont pas la moindre légitimité démocratique. La souveraineté populaire étant placée sous conditions, c'est un clair retour à l'hétéronomie politique et sociale[61].

Significatif est le fait qu'aujourd'hui, on reproche beaucoup moins aux gouvernements autoritaires de manquer aux règles de la démocratie que de ne pas « respecter les droits de l'homme ». Pour pallier l'instabilité politique qui entrave l'expansion planétaire des marchés, la Commission Trilatérale, mise en place en 1973 et dont les deux principaux théoriciens étaient Samuel Huntington et Zbigniew Brzezinski, avait déjà exprimé le souhait de restreindre le champ des pratiques démocratiques dans les pays du Tiers-monde. « Pour répondre à ces deux exigences – démocratie restreinte et survie du capitalisme –, écrit Edmond Jouve, un ingrédient a été trouvé : l'idéologie des droits de l'homme[62]. »

La redéfinition de la démocratie comme le « régime qui respecte les droits de l'homme », c'est-à-dire finalement sa réduction à la démocratie libérale, parlementaire et représentative, est donc intellectuellement insoutenable[63], mais elle est politiquement très rentable, puisqu'elle permet de récuser toute décision démocratique allant à l'encontre de l'idéologie des droits de l'homme. Jean-Fabien Spitz constate cependant qu'une telle démarche est contradictoire, car « dire que les droits des individus dépendent de la raison et de la nature, mais prétendre les soustraire à la discussion par l'ensemble des êtres doués de raison, c'est détruire leur fondement rationnel »[64]. Seul en fait pourrait être déclaré antidémocratique un vote majoritaire qui aboutirait à l'abolition de la démocratie, car une telle décision contredirait la fin dont le vote n'est qu'un moyen.

« On ne peut rien dire de rigoureux sur une politique des droits de l'homme, a écrit Claude Lefort, tant qu'on n'a pas examiné si ces droits ont une signification proprement politique ». Dès 1980, dans un article qui a fait date, Marcel Gauchet avait précisément affirmé que « les droits de l'homme ne sont pas une politique »[65]. Il y définissait en ces termes « le plus grand péril que recèle le retour aux droits de l'homme : retomber dans l'ornière et l'impasse d'une pensée de l'individu contre la société, succomber à la vieille illusion qu'on peut faire fond sur l'individu et partir de l'individu, de ses exigences et de ses droits, pour retomber à la société. Comme si l'on pouvait disjoindre la recherche d'une autonomie individuelle de l'effort vers une autonomie sociale »[66]. « Les droits de l'homme, concluait-il, ne sont pas une politique dans la mesure où ils ne nous donnent pas prise sur l'ensemble de la société où ils s'insèrent. Ils ne peuvent devenir une politique qu'à la condition qu'on sache reconnaître et qu'on se donne les moyens de surmonter la dynamique aliénante de l'individualisme qu'ils véhiculent comme leur contrepartie naturelle[67]. »

Vingt ans plus tard, Gauchet a publié un nouvel article dans lequel il reprend et approfondit la même problématique[68]. Il ne se borne pas à y réaffirmer que la « politique des droits de l'homme » conduit à l'impuissance collective. Il y montre aussi qu'en voulant assumer une telle politique la démocratie sape « les bases sur lesquelles elle repose et les instrument dont elle a besoin ».

L'idéologie des droits de l'homme, explique-t-il, isole au sein des sociétés l'élément juridique au détriment du politique et du social-historique : « Nous sommes témoins d'une revanche du droit et, concomitamment, d'une éclipse du politique et du social-historique[69].» Cette idéologie argumente en outre au nom de droits strictement *individuels*. Or, «s'il est un péril à l'horizon, c'est celui de l'affaiblissement du collectif devant l'affirmation des individus»[70]. Toute politique démocratique doit en effet reconnaître que la société dont elle a la charge excède la simple somme de ses composantes individuelles, faute de quoi il ne saurait y avoir de volonté générale. C'est pourquoi «la politique des droits de l'homme échoue sur le fond en tant que politique démocratique. Elle échoue en ce qu'elle contribue à produire une société dont le dessein global échappe à ses membres. Elle peut bien élargir les prérogatives de l'individu dans la société; plus elle y parvient, plus la figure d'ensemble des individus se dérobe dans sa cohérence; moins elle est intelligible et gouvernable. [...] La politique des droits de l'homme tourne le dos et ne peut que tourner le dos aux perspectives d'un authentique gouvernement de la collectivité par elle-même»[71].

Or, comme Gauchet le précise encore ailleurs, la démocratie «est et doit être le gouvernement de la collectivité par elle-même dans son ensemble, et pas seulement dans ses parties. Elle est et doit être autogouvernement de la communauté politique en tant que telle, sauf de quoi les prérogatives de droit des membres et des composantes de cette communauté se révèlent à terme illusoires. La démocratie des droits est une démocratie tronquée, qui perd de vue la dimension proprement politique de la démocratie; elle oublie le fait de la communauté politique, fait au niveau duquel se joue en dernier ressort l'existence de la démocratie. [...] L'installation du sujet individuel de droit dans la plénitude de ses prérogatives entraîne l'occultation du sujet politique collectif de la démocratie»[72].

«Il y a deux manières principales de concevoir une humanité métapolitique, une humanité ayant surmonté ou dépassé sa condition politique, note Pierre Manent. Ce peut être une humanité organisée selon le droit, ce peut être une humanité vivant selon la morale[73]. » L'idéologie des droits conjugue l'une et l'autre, et c'est pourquoi elle ne peut que *manquer* le politique. Mais elle le manque également, on l'a vu, parce qu'elle a pour un sujet un homme abstrait, posé à l'« état de nature », c'est-à-dire à l'état présocial. Hannah Arendt l'avait déjà remarqué : « C'est parce que la philosophie et la théologie s'occupent toujours de l'homme, parce que toutes leurs déclarations seraient exactes quand bien même n'y aurait-il qu'un seul homme ou seulement deux hommes, ou uniquement des hommes identiques, qu'elles n'ont jamais trouvé aucune réponse philosophiquement valable à la question : qu'est-ce que la politique ? »[74].

La notion d'individu, sur laquelle se base tout le discours des droits de l'homme, est en fait une notion d'une insigne pauvreté, puisque la seule chose qui qualifie un individu, c'est qu'il existe en tant qu'individu (On peut même se demander, dans ces conditions, s'il est raisonnable de lui attribuer quoi que ce soit). Selon la doctrine des droits, c'est en posant l'homme comme individu qu'on en atteindrait l'essence. En réalité, un homme dépouillé de toutes ses caractéristiques concrètes n'est nullement un « homme en soi ». Il n'est plus rien, car il a « perdu les qualités qui permettent aux autres de le traiter comme leur semblable »[75]. « L'échec des droits de l'homme face à la réalité historique et politique, écrit Myriam Revault d'Allonnes, témoigne surtout des impasses d'une conception naturaliste qui se renverse immanquablement en son contraire. À l'épreuve des faits – c'est-à-dire à l'épreuve de la perte de qualités *politiques* tenues pour substantielles –, ce qui se découvre n'est pas le substrat permanent d'une nature humaine, c'est une pure indétermination privée de sens[76]. »

Les premiers théoriciens des droits de l'homme n'avaient pas tort de se référer à la nature humaine. Mais c'est l'idée qu'ils s'en faisaient qui était inconsistante. On sait aujourd'hui – on le sait même depuis longtemps – que l'homme est un être social, que l'existence des hommes n'a pas précédé leur coexistence, bref que la société est l'horizon sous lequel s'inscrit dès l'origine la présence humaine au monde. De même qu'il n'y a d'esprit qu'incarné, il n'y a d'individu que situé dans un contexte social-historique déterminé. Il est impossible à l'homme de se définir simplement comme individu parce qu'il vit nécessairement dans une communauté, où il est en relation avec des valeurs, des normes, des significations partagées, et que l'ensemble de ces relations, de ces pratiques, en un mot tout ce qui fait son milieu de vie et entoure son être, n'est pas surajouté, mais au contraire *constitutif* de son moi. Même celui qui se définit comme « citoyen du monde » ne peut émettre cette prétention que de quelque part !

L'homme a besoin d'une communauté pour vivre et pour bien vivre. Mais « le mot célèbre d'Aristote, que l'homme est un animal politique, ne signifie pas seulement que l'homme est naturellement fait pour vivre en société ; il signifie aussi que l'homme demande naturellement à mener une vie politique, et à participer activement à la vie de la communauté politique »[77]. « Nous appelons juste, écrit Aristote, ce qui produit et conserve le bonheur et ses composants pour la communauté politique[78]. »

Or, il n'est tout simplement pas possible de penser et d'organiser un corps politique dans les termes stricts de l'individualisme. « Une société n'est pas plus décomposable en individus qu'une surface géométrique ne l'est en lignes ou une ligne en points », disait déjà Auguste Comte[79]. « Un individu est un nœud isolé, écrivait plus récemment

Raimundo Panikkar; une personne est le tissu tout entier qui est autour de ce nœud, fragment du tissu total que constitue le réel. [...] Il est indéniable que, sans les nœuds, le tissu se déferait; mais sans le tissu, les nœuds n'existeraient même pas[80]. » Il s'en déduit que tout projet politique implique une certaine forme de holisme. Dans le holisme, la société est antérieure à l'individu, comme « le tout est nécessairement antérieur à la partie » (Aristote). Mais les parties englobées par le tout ne se réduisent pas à ce tout, et c'est en cela que le holisme se distingue du collectivisme (qui n'est souvent qu'une surcompensation, donc une amplification, de l'individualisme). La différence essentielle est que, dans le collectivisme, les entités sociales s'imposent absolument aux individus, tandis que dans le holisme, ce sont les capacités des individus qui dépendent de leurs relations sociales. Cette dépendance n'est donc pas de nature causale, mais constitutive et réciproque. Dans cette perspective, le bien commun n'est ni le bien propre du tout ni la simple somme des biens particuliers : il est un bien commun aux parties et au tout.

Il est dès lors évident, si l'on admet que la défense et la promotion des droits requièrent en priorité l'affirmation du politique, qu'en s'attaquant au politique, en cherchant sans cesse à en réduire les prérogatives, la théorie des droits sape les bases mêmes de son effectuation. Un homme ne peut avoir de droits que dans un cadre politique, dans un monde-de-vie politique partagé en commun, parce que tout droit dépend des conditions sociales-historiques dans lesquelles il est affirmé[81]. Le *commun* est le fondement même de toute vie politique. De même que les droits formels sont des droits sans portée (le droit au travail n'a jamais suffi à trouver un emploi, et le droit à l'éducation ne signifie pas grand-chose quand les pouvoirs publics n'ont pas les moyens financiers d'assurer la gratuité de l'instruction), l'individu en soi ne peut pas être un véritable sujet de droit. Les droits ne peuvent être que des prédicats de la citoyenneté. « Si l'homme accède à l'humanité en devenant citoyen, observe encore Myriam Revault d'Allonnes, c'est-à-dire en acquérant un statut politique et si, réciproquement, il perd ses qualités proprement humaines en perdant ce même statut, les droits de l'homme impliquent un exercice qui s'enracine dans l'être-citoyen[82]. » Les hommes, inversement, ne peuvent acquérir de droits qu'au sein d'une politie déterminée, dans un contexte d'existence leur garantissant concrètement le pouvoir d'en bénéficier. Ce qui revient à dire qu'en dernière analyse, les droits affirment et expriment la différence entre les hommes, et non pas leur mêmeté[83].

Mais il faut aller plus loin, et s'interroger sur l'opportunité même de continuer à parler dans le langage des droits. La théorie des droits de l'homme étant intrinsèquement associée à l'idéologie libérale, toute tentative d'en donner une reformulation non libérale a de bonnes chances d'échouer. Mieux vaudrait réaliser que les droits qu'on évoque couramment ne sont pas tant des droits que des *devoirs* des gouvernants et, en contrepartie, des *capacités* et des *libertés* qu'il est légitime pour les gouvernés d'exiger si elles leur sont refusées.

Il n'est donc pas question, bien entendu, d'abandonner la défense des libertés à l'idéologie des droits de l'homme, et moins encore de critiquer cette dernière en vue de légitimer le despotisme. Il s'agit tout au contraire de montrer que la nécessaire lutte contre toutes les formes de tyrannie et d'oppression est une question fondamentalement politique qui, comme telle, doit être résolue politiquement. Il s'agit, en d'autres termes, d'abandonner la sphère juridique et le champ de la philosophie morale pour affirmer que le pouvoir de l'autorité politique doit être pondéré, non parce que les individus jouissent par nature de droits illimités, mais parce qu'une politie où règne le despotisme ou l'absolutisme est une mauvaise société politique, que la légitimité de la résistance à l'oppression ne dérive pas d'un droit inné, mais de la nécessité pour l'autorité politique de respecter la liberté des sociétaires, bref que les hommes doivent être libres, non parce qu'ils « en ont le droit », mais parce qu'une société où les libertés fondamentales sont respectées est *politiquement meilleure* – et en outre moralement préférable – qu'une société où elles ne le sont pas.

Cela implique de redonner à la citoyenneté conçue comme participation active à la vie publique, et non comme une notion instrumentalisable en vue de l'obtention des droits, la valeur d'un principe. « L'acceptation des réquisits minimaux d'un ordre politique démocratique – la stricte égalité des droits et des devoirs de chacun –, écrit à ce propos Jean-François Kervégan, impose de renoncer à toute fondation métaphysique, anthropologique ou même morale des droits de l'homme, et d'abord de ceux qui sont fondamentaux, au profit d'une fondation strictement politique, c'est-à-dire adossée au seul principe de l'égalité civique (et non pas naturelle, car rien n'est moins égalitaire que la "nature") des individus-citoyens[84]. »

Cela conduit du même coup à réhabiliter la notion d'*appartenance* à une communauté politique, sans laquelle la liberté, l'égalité et la justice ne sont que des abstractions inopérantes. Loin d'enfermer l'individu ou de menacer son être, l'appartenance lui donne au contraire la « possibilité d'être une singularité signifiante », comme l'écrit Revault d'Allonnes, qui ajoute : « Pour fonder "politiquement" les droits de l'homme, il faut penser la politique et la citoyenneté, non pas seulement dans la perspective secondarisée d'une garantie des droits naturels subjectifs, mais aussi comme la condition primordiale qui fonde l'exercice effectif du vivre-ensemble. Mais – et les deux choses sont évidemment liées – il faut aussi revoir la question du fondement individualiste du social et penser la singularité individuelle en termes de *singularité d'appartenance* ou encore de *singularité plurielle*. Celle-ci ne prend pas appui sur le sol d'une fondation individuelle, mais sur celui d'une relation au monde commun. Car si le "droit d'avoir des droits" est inséparable de l'appartenance à une communauté politique organisée – qui de ce fait ne se réduit pas à une association d'individus –, la singularité irremplaçable d'un être humain ne tient pas à son fondement autosuffisant, mais aux appartenances qui rendent possible son individuation[85]. »

Enfin, il faut abandonner l'idée qu'il y a nécessairement contradiction entre la liberté individuelle et la vie sociale et, parallèlement, redéfinir la liberté dans un sens conforme à ce que Benjamin Constant appelait la « liberté des Anciens », et Isaiah Berlin la « liberté positive », laquelle est indissociable d'une participation active à la vie publique, tandis que la liberté des Modernes ou liberté négative consiste en une série de droits permettant de se soustraire à cette obligation et, somme toute, de faire sécession par rapport au commun.

La liberté n'est pas seulement un pouvoir personnel. Elle a besoin pour s'exercer d'un champ social. C'est pourquoi l'on ne saurait se satisfaire de la définition figurant à l'art. 4 de la Déclaration des droits de 1789 : « La liberté consiste à pouvoir faire tout ce qui ne nuit pas à autrui. » Disposer librement de son corps, de son temps et de son argent sans gêner aucune tierce personne peut en effet s'avérer nocif pour la collectivité, en raison de l'impact politique, économique, psychologique ou moral que peuvent avoir sur la vie commune les effets composés de ces conduites individuelles (travailler le dimanche, se droguer, louer son utérus à un couple de riches en attente d'enfant, etc.). D'une part, l'autonomie individuelle et la libre expression des capacités et des mérites ne sont pas des droits subjectifs, mais correspondent au contraire à une impérieuse nécessité politique et sociale (L'éducation publique, par exemple, n'est nullement le résultat d'un quelconque « droit à l'éducation », faute de quoi elle serait gratuite mais facultative. Ce qui la rend obligatoire, c'est la reconnaissance que l'instruction constitue un bien social). D'autre part, la liberté individuelle n'est jamais accomplie dans une société qui n'est pas libre, ce qui revient à dire qu'il n'y a pas de liberté privée sans liberté publique. « Le but des Anciens était le partage du pouvoir social entre tous les citoyens d'une même patrie », écrit Benjamin Constant[86]. Cela signifie que la liberté, elle aussi, est d'abord un problème politique – et non un problème de « droits ». Une telle liberté précède et conditionne la justice, au lieu d'en être le résultat.

Ajoutons que l'une des meilleures façons de défendre les libertés consiste à recourir au principe de subsidiarité, qui consiste à ne déléguer à l'autorité supérieure que les seules tâches qui ne peuvent être accomplies aux niveaux inférieurs ou à l'échelon local, permettant ainsi d'en revenir à une conception plus rigoureuse du droit : établir (ou rétablir) le droit, ce n'est pas attribuer d'autorité à des individus le « droit » d'obtenir quelque chose, mais leur *donner* ce qui leur *revient* ou leur *rendre* individuellement et collectivement, de manière concrète, ce qui leur a été injustement soustrait par un tiers ou par l'État.

*

Les historiens voient souvent dans la *Magna Carta* anglaise du 15 juin 1215 le premier texte qui aurait énoncé « constitutionnellement » les droits de l'homme. Cette interprétation est anachronique. La *Magna Carta* est en réalité un document qui se borne à établir politiquement des libertés politiques. Elle proclame qu'« aucun homme libre ne sera arrêté ou emprisonné ou dépouillé ou mis hors la loi ou exilé, et il ne lui sera fait aucun dommage si ce n'est en vertu du jugement légal de ses pairs ou en vertu de la loi du pays », ce qui n'a aucun rapport avec les droits de l'homme. Il s'agit en fait, sous forme de concession royale, d'un pacte de droit public qui garantit aux « hommes libres » de l'aristocratie féodale un certain nombre de libertés et les met à l'abri d'éventuels abus de pouvoir. Carl Schmitt souligne qu'elle n'est, « du point de vue historique, qu'un des nombreux exemples d'accords au Moyen Âge entre prince et seigneurs féodaux »[87]. Il en va de même des Cortès de Léon de 1188, des Cortès Catalanes de 1192, de la Bulle d'Or hongroise de 1222, du Pacte fédéral suisse de 1291, du Code général suédois de Magnus Erikson vers 1350, et même des actes d'*habeas corpus* de 1679 (garantie contre les arrestations arbitraires) et du *Bill of rights* de 1689, à propos desquels Schmitt écrit : « Ce sont des règlementations par pacte ou par loi des droits des barons ou des citoyens anglais qui ont revêtu au cours d'une évolution progressive le caractère de principes modernes, mais sans avoir le sens originel de droits fondamentaux[88]. » Dans tous les cas, il ne s'agit nullement d'une proclamation des droits de l'homme, mais de l'affirmation des libertés d'une collectivité ou d'une population bien précise.

Il existe en tout cas, dès l'origine, une tradition européenne de la liberté. La Grèce ancienne fut la première à en proclamer les bienfaits. « Le respect de la personne humaine n'est pas l'invention de Kant ni même du christianisme, écrit Michel Villey. Pas de vertu plus exaltée à Rome que l'*humanitas*, qui est tout à la fois le devoir de parfaire en soi la nature humaine et de la respecter chez les autres. » Dans le Nord de l'Europe, la notion de liberté fut également constamment célébrée. Tacite, déjà, se disait frappé de constater que chez les Germains, les rois étaient élus et que le pouvoir de les désigner appartenait toujours à des assemblées. Les Germains, ajoute-t-il, ignorent l'impôt obligatoire et ne connaissent que les contributions volontaires. Ce que l'historien romain dit du statut des femmes montre également à quel point la liberté de la personne, dans les pays du Nord, a été reconnue depuis les temps les plus reculés.

En France, où la royauté ne cessa d'être élective qu'à partir de Louis IX, cet idéal de liberté se maintint vivant durant tout le Moyen Âge. Décrivant le régime féodal, Fustel de Coulanges écrit : « En haut de la hiérarchie, le roi était entouré de ses grands vassaux. Chacun de ces vassaux était entouré lui-même de ses propres feudataires et il ne pouvait pas prononcer sans eux le plus petit jugement. [...] Le roi ne pouvait ni faire une loi nouvelle, ni modifier les lois existantes ni lever un nouvel impôt sans le consentement du pays. [...] Si l'on regarde de près les institutions de ce régime et si l'on en observe le sens et la portée, on verra qu'elles étaient toutes dirigées contre le despotisme. Si grande que soit la diversité qui semble régner dans ce régime, il y a pourtant une chose qui en fait l'unité ; cette chose-là, c'est la hantise du pouvoir absolu. Je ne crois pas qu'aucun régime ait mieux réussi que celui-là à rendre l'arbitraire impossible. [...] La féodalité était une association d'hommes libres[89]. »

Les premières chartes des libertés apparaissent dans les révoltes populaires et les insurrections communalistes des XIe

et XIIe siècles. Mais la fin du régime féodal marqua aussi la montée en puissance de l'autoritarisme romain et la multiplication des coups de boutoir de l'État central. Peu à peu, la royauté héréditaire mit en œuvre une centralisation juridico-administrative aux dépens des corps intermédiaires et des assemblées régionales. Tandis que la bourgeoisie naissante affirmait son pouvoir, les parlements régionaux cessèrent d'être des assemblées de pairs pour devenir des réunions d'officiers royaux. Devenue absolue, la monarchie s'appuya sur la bourgeoisie pour liquider les dernières résistances de la noblesse.

Il y eut cependant toujours en France des théoriciens pour dénoncer le centralisme, la rationalisation juridico-administrative et l'absolutisme royal, simple décalque de l'absolutisme divin. Cette revendication se fit tantôt au nom des « lois fondamentales du royaume », tantôt en invoquant les anciennes libertés celtiques ou germaniques. Le système de la liberté a « été trouvé dans les bois », dira Montesquieu, afin de rappeler l'origine aristocratique et germanique de l'idée de liberté. Le même argument fut soutenu à partir de la fin du XVIIe siècle par tout le courant « germaniste » (Henri de Boulainvilliers, Le Laboureur, Louis Adrien Le Page), qui s'opposait alors avec force au courant « romaniste » (l'abbé Dubos, le marquis d'Argenson, Jacob Nicolas Moreau). À l'instar d'Althusius et des monarchomaques, grands adversaires des théories de Jean Bodin, et donc défenseurs des principes fédéralistes de souveraineté partagée et de compétence suffisante, ses partisans répétaient inlassablement que dans le passé les rois n'avaient jamais disposé du pouvoir absolu. Certains, comme Boulainvilliers[90], défendaient la doctrine de la souveraineté populaire et la thèse d'une nation originaire où la propriété était commune. Cette doctrine sera reprise plus tard par Augustin Thierry.

Un autre courant particulièrement intéressant est celui du républicanisme civique (ou humanisme civique), dont les principes essentiels ont été rappelés à l'époque contemporaine par des auteurs comme John G.A. Pocock, Quentin Skinner et, plus récemment Philip Pettit. Cette école de pensée se réfère principalement à la tradition républicaine romaine (Salluste et Tite-Live), et plus lointainement à la Grèce (Polybe et Aristote), mais aussi à Machiavel, aux humanistes florentins et vénitiens, aux républicains anglais, ainsi qu'à Montesquieu, Rousseau et Jefferson[91].

En Angleterre, la théorie néoromaine de la liberté civile apparaît au XVIIe siècle. Ses représentants, Henry Parker, John Milton, Algernon Sidney et, surtout, James Harrington, exposent une conception strictement politique de la liberté, et défendent la thèse d'une souveraineté parlementaire et populaire, ce qui leur vaudra d'être violemment attaqués par Thomas Hobbes. La notion de liberté civile est pour eux liée à l'idéal classique de la *civitas libera* ou « État libre », ranimé sous la Renaissance italienne par les défenseurs de la « *libertà* » républicaine, en particulier Machiavel dans ses *Discours sur l'histoire romaine de Tite-Live* (1514-19). Lorsqu'ils parlent de « droits et libertés naturels », ce n'est donc jamais en partant de l'individu, mais de ce que Milton et Harrington appellent « liberté commune » (*common liberty*), « gouvernement libre » (*free government*) ou « *commonwealth* ». Célébrant les « vertus civiques », les néoromains réhabilitent du même coup le politique dans la mesure où les institutions publiques peuvent contribuer à l'exercice de ces vertus (dont la cause première réside néanmoins dans les mœurs, les traditions et les pratiques sociales). Leur thèse principale est que l'homme ne peut être vraiment libre que dans un État libre. Ils rejettent donc la thèse selon laquelle la force coercitive serait seule à menacer les libertés individuelles, et soulignent que vivre collectivement dans un état de dépendance constitue déjà une source de contrainte et une forme de domination. « Un État libre, écrit Quentin Skinner, est une communauté dans laquelle les actions du corps politique sont déterminées par la volonté de l'ensemble de ses membres[92]. » Dans un tel État, les lois doivent être appliquées avec le consentement de tous les membres du corps politique, ce qui implique leur participation active à la vie publique, en même temps que le rejet de la monarchie absolue comme de la tyrannie.

Dans une telle perspective, loin que la liberté soit appelée à se déployer de façon privilégiée dans une sphère privée toujours menacée par l'autorité politique, être libre signifie d'abord pouvoir prendre part aux décisions dont la vie sociale et politique est le lieu, en échappant à la contrainte et à la coercition, et contribuer ainsi au maintien des libertés collectives. La liberté devient alors une forme de relation sociale : je ne peux être libre sans que les autres membres de ma communauté le soient également. Cela signifie qu'il n'y a de liberté que partagée, et que les règles auxquelles se conforment les membres d'une communauté politique constituent leur possession commune. La loi, en outre, cesse d'être l'ennemie de la liberté, car l'intervention des pouvoirs publics peut aider à sa réalisation. La collectivité se gouverne elle-même, non en termes de droits, mais grâce à la participation de tous.

« Le premier trait distinctif d'une philosophie politique républicaine, écrit Jean-Fabien Spitz, est l'affirmation selon laquelle les droits dont disposent les citoyens ne sont pas fixés par une raison philosophique qui scrute une nature, mais par une délibération commune dans laquelle on s'efforce d'éliminer les partialités par leur confrontation naturelle et de parvenir à des normes que chacun peut trouver légitimes.

[...] La règle n'est plus, de surcroît, l'expression des intérêts cumulés du plus grand nombre, mais d'une conviction partagée[93]. » La république se compose ainsi « de citoyens qui ne se posent pas seulement la question des dispositions institutionnelles les plus favorables à l'avancement de leurs propres intérêts, mais aussi la question des normes d'une existence collective légitime et moralement acceptable »[94].

Jean-Fabien Spitz précise encore : « Les républicains [...] refusent de concevoir les droits seulement comme des instruments nécessaires à l'accomplissement d'un ensemble de devoirs essentiels, fondés en nature et imposés de l'extérieur à toute volonté humaine. Tout au contraire, ils souhaitent concevoir les droits comme le produit d'une délibération démocratique portant sur le genre de vie que nous voulons mener collectivement et sur les principes communs autour desquels les membres d'une république souhaitent s'unir. [...] Les républicains considèrent donc qu'il y a quelque chose de profondément erroné dans l'idée de droits non sociaux, antérieurs à toute délibération proprement politique : les droits ne sont pas des qualités attachées aux individus à l'extérieur de toute société politique, mais des qualités qui ne peuvent appartenir qu'à des citoyens ; ce ne sont pas des "atouts" naturels avec lesquels les individus pourraient couper les décisions des collectivités dont ils sont membres, mais des principes d'existence autour desquels les sociétés sont bâties[95]. »

La théorie du républicanisme civique qui, dans les pays anglo-saxons, a progressivement été détrônée à partir du XVIIIe siècle par le libéralisme, a parfois été rapprochée des thèses de l'école communautarienne, dont elle s'écarte cependant sur certains points (notamment chez Philip Pettit).

Prolongeant à bien des égards la critique hégélienne de Kant, la critique communautarienne de l'idéologie des droits s'enracine dans une conception substantielle du bien.

Les communautariens subordonnent le juste au respect d'un certain nombre de biens intrinsèques, constitutifs de la vie bonne, démarche antithétique de la conception libérale des droits. Affirmant que le discours des droits de l'homme ignore, non seulement la diversité culturelle, mais aussi la base sociale de l'identité personnelle, ils montrent que des droits appartenant à un sujet délié de tout lien communautaire, ou du moins toujours à même de révoquer les engagements qui en résultent, sont nécessairement vides de sens, puisque c'est au contraire le fait d'appartenir à une collectivité qui constitue l'horizon de sens à partir duquel il est possible d'avoir des droits : s'il n'y a pas de bien social commun, les droits octroyés aux individus ne sont qu'illusion[96].

La plupart des communautariens reconnaissent néanmoins les droits individuels, mais contestent la formulation qu'en donnent les libéraux. La critique de la conception libérale des droits emprunte chez eux généralement deux voies. La première consiste à montrer qu'en accordant un primat aux droits individuels, le libéralisme néglige la dimension communautaire de la vie humaine, qui est indispensable à la constitution de soi comme à la définition d'une vie bonne. La seconde réside dans le constat que les justifications avancées pour défendre cette priorité des droits individuels reposent sur des présupposés erronés concernant la nature humaine. Les communautariens contestent en outre le caractère autonome de la théorie des droits, et affirment qu'elle devrait pour le moins s'appuyer sur une théorie plus générale de l'action morale ou de la vertu, celle-ci ayant pour principal objet de s'interroger sur ce qu'il est bon d'être, et non sur ce qu'il est juste de faire[97].

Que l'on se réfère à la pensée antique ou à la tradition médiévale, au républicanisme civique ou aux acquis théoriques de l'école communautarienne, les sources ne manquent pas, en tout cas, qui permettent de fonder la nécessaire liberté sans recourir à l'idéologie libérale, et de la défendre de façon plus cohérente, plus assurée, que ne le fait le discours des droits de l'homme. C'est au-delà de ce discours que doit s'affirmer, pour reprendre la belle formule de Pierre Chaunu, « la capacité de dire *nous* authentiquement, donc de résister au *je* absolu ».

Notes

1. Cf. *De la démocratie en Amérique*, UGE, Paris, 1969, 4e partie, chap. 6, pp. 360-364. On remarquera que le caractère abstrait de l'expression servant à désigner la théorie des droits est spécialement marqué en français (« droits de l'homme »), moins en allemand, qui parle des « droits des hommes » (*Menschenrechte*) au pluriel, ainsi qu'en anglais, en espagnol ou en italien, qui utilisent un adjectif au lieu d'un nom (*human rights*, *derechos humanos*, *diritti umani*). En France, l'expression « droits humains » tend depuis quelques années à se substituer à la formule canonique des « droits de l'homme ». Cette inflexion s'explique à la fois par l'influence de la langue anglaise et par celle d'un néoféminisme qui, ignorant des règles de la langue française, n'admet pas que l'« homme» soit mentionné sans que la « femme » le soit également.

2. Hannah Arendt, *L'impérialisme*, Fayard, Paris, 1982, p. 292. Dans cet ouvrage, Hannah Arendt lie directement sa critique de la théorie des droits de l'homme à une dénonciation du totalitarisme, présenté lui-même comme atomisation du social et égalisation forcée de tous les individus.

3. André Clair, *Droit, communauté et humanité*, Cerf, Paris, 2000, pp. 92-93.

4. Michel Villey, *Le droit et les droits de l'homme*, PUF, Paris, 1990, p. 13.

5. Marcel Gauchet, *La démocratie contre elle-même*, Gallimard-Tel, Paris, 2002, pp. 20-21.

6. Pierre Manent, « L'empire de la morale », in *Commentaire*, Paris, automne 2001, p. 507.

7. Cf. notamment Christopher Lasch, *La culture du narcissisme*, Flammarion-Champs, Paris, 2008 ; Pierre Legendre, *Sur la question dogmatique en Occident*, Fayard, Paris, 1999 ; Alain Supiot, *Homo juridicus. Essai sur la fonction anthropologique du droit*, Seuil, Paris, 2005 ; Robert-Dany Dufour, *L'art de réduire les têtes. Sur la nouvelle servitude de l'homme libéré à l'ère du capitalisme*, Denoël, Paris, 2003 ; *L'individu qui vient... après le libéralisme*, Denoël, Paris, 2011.

8. Guy Roustang, *Démocratie : le risque du marché*, Desclée de Brouwer, Paris, 2002, p. 176.

9. Sur l'inflation des droits, cf. Michel van de Kerchove et François Ost, *Le système juridique entre ordre et désordre*, PUF, Paris, 1988 ; Stamatios Tzitzis, « Droits de l'homme et droit humanaitaire », in Henri Pallard et Stamatios Tzitzis (éd.), *Droits fondamentaux et spécificités culturelles*, L'Harmattan, Paris, 1997, pp. 41-62.

10. Simone Goyard-Fabre, *Les principes philosophiques du droit politique moderne*, PUF, Paris, 1997, p. 274.

11. Chantal Mouffe, *Le politique et ses enjeux. Pour une démocratie plurielle*, Découverte-MAUSS, Paris, 1994, p. 151.

12. *Art. cit.*, p. 502.

13. Il a néanmoins été préparé par la lente évolution du droit international qui, au moins depuis le traité de Versailles (1919), s'est de plus en plus éloigné des règles de l'ancien *Jus publicum europaeum*. Dès 1917, le président américain Woodrow Wilson avait introduit dans le droit international une conception discriminatoire de la guerre qui fait de la « guerre juste » l'équivalent d'une croisade. L'idée de « croisade » a depuis fait son chemin... Sur ce vaste sujet, cf. Carl Schmitt, *Le Nomos de la Terre dans le droit des gens du « Jus publicum europaeum »*, PUF, Paris, 2000 ; *Guerre discriminatoire et logique des grands espaces*, Krisis, Paris, 2011.

14. Cf. Gilles Lebreton, « Critique de la Déclaration des droits de l'homme », in *Centre de recherche sur les droits fondamentaux*, Caen, 7, 2009, pp. 17-22.

15. Emmanuel Kant, *Vers la paix perpétuelle*, J. Vrin, Paris, 1999, p. 74.

16. Gérard Israël, *René Cassin*, Bruylant, Bruxelles, 2007, p. 253.

17. Cf. Hervé Juvin, *Le mur de l'Ouest n'est pas tombé*, Pierre-Guillaume de Roux, Paris, 2015.

18. *Op. cit.*, p. 46. On notera cependant que Kant s'est par la suite prononcé pour une simple « fédération d'États ».

19. Cf. Panajotis Kondylis, « Menschenrechte, begriffliche Verwirrung und politische Instrumentalisierung », in *Frankfurter Rundschau*, 18 août 1996.

20. Félix Morès, « Faut-il brûler les juges de la Cour européenne des droits de l'homme ? », in *Éléments*, avril-juin 2015, p. 34.

21. Cf. Tzvetan Todorov, « Les illusions d'une justice universelle », in *Le Monde des débats*, Paris, mai 2001, p. 27. Le plus révélateur est que, lorsque les grandes puissances jugent qu'elles pourraient un jour devoir se soumettre elles aussi à la loi générale, elles font brusquement marche arrière. C'est ainsi que les États-Unis ont constamment promu le respect des droits de l'homme à l'extérieur de leurs frontières, tout en contestant que les mêmes normes puissent s'appliquer à eux. Ils ont exigé la comparution du Serbe Milosevic devant le Tribunal pénal international, tout en faisant savoir que, pour leur part, ils ne reconnaissaient pas cette juridiction. Cf. Stanko Cerovic, « Le TPI, instrument de l'empire américain », in *Le Monde des débats*, Paris, mai 2001, p. 26. À propos du droit d'ingérence humanitaire, David B. Rivkin Jr. et Lee A. Casey écrivaient récemment qu'il « pourrait bien s'avérer l'une des armes les plus puissantes jamais utilisées contre les États-Unis », car « il pourrait saper le leadership américain au sein du système global hérité de la guerre froide » (« The Rocky Shoals of International Law », in *The National Interest*, New York, hiver 2000-01, pp. 36 et 38). Comme alternative, les auteurs exprimaient le vœu que les États-Unis « travaillent activement à façonner le droit international de façon telle qu'il serve [leurs] intérêts nationaux et soit conforme à [leurs] fondements philosophiques » (*Ibid.*, p. 41).

22. Carl Schmitt, *La notion de politique*, Flammarion-Champs, Paris, 1992, p. 96.

23. Alain Bertho, *Contre l'État, la politique*, La Dispute, Paris, 1999, p. 104.

24. « L'humanisme, observe Raoul Vaneigem, prône la dignité de l'homme abstrait jusqu'à la pire indignité de l'homme concret. Le christianisme en offre l'un des exemples les plus éclatants. Son Dieu, qui se fait homme pour lui ouvrir la porte du salut, le damne au nom de l'homme lui-même. L'exhortation à s'aimer les uns les autres a, pendant des siècles, servi de caution à l'exaction, au massacre, à la barbarie.

[...] Le propos de Manon Philipon-Roland, “Liberté, que de crimes on commet en ton nom”, devrait être gravé sur tous les temples de la philanthropie. [...] L’humanisme est le culte de l’homme aliéné» («Critique de la Déclaration des droits de l’homme», texte en ligne).

25. Julien Freund, *Politique et impolitique*, Sirey, Paris, 1987, p. 198.

26. *Le Monde*, Paris, 17 septembre 2002.

27. Carl Schmitt, *Théorie de la Constitution*, PUF, Paris, 1993, p. 302. La culture des droits, résume Charles Taylor, est une culture triplement individualiste : «Elle valorise l’autonomie ; elle accorde une place importante à l’exploration de soi, en particulier des sentiments ; et ses conceptions de la vie bonne impliquent, en général, l’engagement personnel. Il s’ensuit que, dans son langage politique, elle formule en termes de droits subjectifs les libertés dues aux individus. À cause de son penchant égalitaire, elle conçoit ces droits comme universels» (*Les sources du moi. La formation de l’identité moderne*, Seuil, Paris, 1998, pp. 389-390).

28. La Déclaration des droits et des devoirs de l’homme et du citoyen du 5 fructidor an III (22 août 1795) représente à cet égard une exception.

29. Jean-Louis Vullierme, «Questions de politique», in Michel Garcin (éd.), *Droit, nature, histoire. Michel Villey, philosophe du droit*, Presses universitaires d’Aix-Marseille, Aix-en-Provence, 1985, p. 170.

30. Pierre Manent, *Naissance de la politique moderne*, Payot, Paris, 1977, p. 11.

31. Marcel Gauchet, *La religion dans la démocratie. Parcours de la laïcité*, Gallimard, Paris, 1998, p. 81.

32. Cf. Edouard Delruelle, *L’humanisme inutile et incertain. Une critique des droits de l’homme*, Labor, Charleroi, 2012. L’auteur plaide pour une approche politique des droits de l’homme : «Ce n’est pas le juridique qui conditionne le politique, mais le politique qui conditionne le juridique.»

33. *Théorie de la Constitution*, *Op. cit.*, p. 296.

34. Cf. Marcel Gauchet, *La révolution des droits de l’homme*, Gallimard, Paris, 1989 ; Stéphane Rials (éd.), *La Déclaration des droits de l’homme et du citoyen*, Hachette, Paris, 1989.

35. *Émile ou l’éducation*, Garnier, Paris, 1964, livre I, p. 9.

36. Jean-Jacques Rousseau, *Du contrat social*, in *Œuvres complètes*, vol. 3, Gallimard, Paris, 1991, p. 287.

37. *O.C.*, vol. 3, p. 592.

38. Préface à Ladan Boroumand, *La guerre des principes. Les assemblées révolutionnaires face aux droits de l'homme et à la souveraineté de la nation, mai 1789-juillet 1794*, Éditions de l'École des hautes études en sciences sociales, Paris, 1999, p. 8. Cf. aussi Élisabeth Guibert-Sledziewski, « L'invention de l'individu dans le droit révolutionnaire », in *La Révolution et l'ordre juridique privé. Rationalité ou scandale ? Actes du colloque d'Orléans*, CNRS-Université d'Orléans et PUF, Paris, 1988, pp. 141-149.

39. Rahim Kherad, « La protection internationale des droits de l'homme », in *Diversité culturelle et universalité des droits de l'homme*, Cécile Defaut, Nantes, 2010, p. 56. Sur la distinction engtre droit naturel et droit positif, cf. aussi Blandine Barret-Kriegel, *Les droits de l'homme et le droit naturel*, PUF, Paris, 1989.

40. Karl Marx, *La question juive* [1844], édition bilingue, Aubier, Paris, 1971.

41. Claude Lefort, « Droits de l'homme et politique », in *L'invention démocratique*, Fayard, Paris, 1981, p. 66.

42. Régis Debray, *L'État séducteur. Les révolutions médiologiques au pouvoir*, Gallimard, Paris, 1993, p. 161.

43. *Op. cit.*, p. 191. Freund en conclut qu'on ne peut même pas dire d'une Déclaration des droits de l'homme qu'elle appartient au droit naturel, dans la mesure même où ces droits ne peuvent entrer en vigueur qu'à partir du moment où ils ont été proclamés: « Nous sommes en présence d'un droit dont la nature reste indéterminée » (*Ibid.*, p. 192).

44. Marcel Gauchet, « Les tâches de la philosophie politique », in *La Revue du MAUSS*, Paris, 1er sem. 2002, p. 292.

45. Jean-Claude Michéa, « Droit, libéralisme et vie commune », in *Journal du MAUSS*, texte en ligne, novembre 2015.

46. David Daiches Raphael, *Problems of Political Philosophy*, Macmillan, London, 1970.

47. Jean-François Kervégan, « Démocratie et droits de l'homme », in Gérard Duprat (éd.), *L'ignorance du peuple. Essai sur la démocratie*, PUF, Paris, 1998, p. 48.

48. *Ibid.*

49. « *Lofty ideals* », comme l'écrit Maurice Cranston, in *Human Rights Today*, Ampersand, London, 1962.

50. Friedrich Hayek, *La route de la servitude*, Librairie de Médicis, Paris, 1946.

51. Claude Lefort, *Essais sur le politique*, Seuil, Paris, 1986.

52. « Plus il y a de justice, moins il y a de liberté, écrit Max Horkheimer. Si l'on veut aller vers l'équité, on doit interdire aux hommes de nombreuses choses. [...] Mais plus il y a de liberté, plus celui qui déploie ses forces avec une habileté supérieure à celle des autres sera finalement capable de les asservir, et ainsi moins il y aura de justice » (*Théorie critique*, Payot, Paris, 1978, p. 358).

53. *La Croix*, Paris, 1er mars 1990. Cf. aussi Terence Duffy, « Human Rights as a Foundation of Any Democratic System », in Hans Koechler (ed.), *Democracy and an Alternative World Order*, Jamahir Society for Culture and Philosophy, Vienna, 1996, pp. 45-54.

54. *Art. cit.*, p. 42.

55. Myriam Revault d'Allonnes, *Le dépérissement de la politique. Généalogie d'un lieu commun*, Flammarion-Champs, Paris, 2002, p. 284.

56. *Théorie de la Constitution*, *Op. cit.*, p. 306. Significative à cet égard est la proposition des milieux libéraux-libertaires d'accorder le droite de vote aux résidents non citoyens.

57. *Op. cit.*, p. 284.

58. Guy Haarscher, *Philosophie des droits de l'homme*, Éditions de l'Université de Bruxelles, Bruxelles, 1987, p. 15.

59. Jean-Louis Schlegel, « Le référendum contre la démocratie », in *Libération*, 14 décembre 1989.

60. *Art. cit.*, p. 43.

61. Cf. Robert Bork, « The Limits of "International Law" », in *The National Interest*, New York, hiver 1989-90, p. 10.

62. Edmond Jouve, *Le droit des peuples*, PUF, Paris, 1986, p. 52.

63. Sur l'incompatibilité des fondements doctrinaux du libéralisme et de la démocratie, cf. Carl Schmitt, *Théorie de la Constitution*, *Op. cit.* « La démocratie et le libéralisme sont incompatibles, écrit Paul Piccone : les valeurs libérales ne sont légitimes que lorsqu'elles n'ont pas été imposées d'en haut par un gouvernement central prétendant tout savoir » (« Ten Counter-Theses on the New Class Ideology. Yet Another Reply to Rick Johnstone », in *Telos*, New York, printemps 2001, p. 153).

64. Jean-Fabien Spitz, « Républicanisme et droits de l'homme », in *Le Débat*, Paris, novembre-décembre 1997, p. 65.

65. « Les droits de l'homme ne sont pas une politique », in *Le Débat*, Paris, juillet-août 1980, texte repris in *La démocratie contre elle-même*, *Op. cit.*, pp. 1-26. Cf. aussi *La révolution des droits de l'homme*, *Op. cit.*

66. *Ibid.*, pp. 17-18.

67. *Ibid.*, p. 26.

68. « Quand les droits de l'homme deviennent une politique », in *Le Débat*, Paris, mai-août 2000, texte repris in *La démocratie contre elle-même*, *Op. cit.*, pp. 326-385.

69. *Ibid.*, p. 335.

70. *Ibid.*, p. 378.

71. *Ibid.*, p. 381.

72. « Les tâches de la philosophie politique », *art. cit.*

73. « L'empire de la morale », *art. cit.*, p. 501.

74. Hannah Arendt, *Qu'est-ce que la politique ?*, Seuil, Paris, 1995, p. 148.

75. Hannah Arendt, *L'impérialisme*, *Op. cit.*

76. *Op. cit.*, p. 283.

77. Jacques Maritain, *Les droits de l'homme*, Desclée de Brouwer, Paris, 1989, p. 84.

78. Aristote, *Éthique à Nicomaque*, V, 3, 1129 b 17-18.

79. Auguste Comte, *Système de politique positive*, vol. 2, L. Mathias, Paris, 1851-54, p. 181.

80. « La notion de droits de l'homme est-elle un concept occidental ? », in *Diogène*, Paris, octobre-décembre 1982, p. 100.

81. Cf. Michael Walzer, *Sphères de justice*, Seuil, Paris, 1987, qui montre que l'égalitarisme abstrait ne permet pas de penser la justice, pour la simple raison que la question de la justice ne peut être posée que par rapport à une communauté déterminée.

82. *Op. cit.*, p. 291.

83. Cf. Hannah Arendt, *Essai sur la révolution*, Gallimard, Paris, 1967, pp. 216-218.

84. *Art. cit.*, p. 51.

85. *Op. cit.*, pp. 294-295.

86. Benjamin Constant, *Cours de politique constitutionnelle*, vol. 1, Didier, Paris, 1836, p. 539.

87. *Théorie de la Constitution*, *Op. cit.*, p. 178.

88. *Ibid.*, p. 295.

89. Numa Denis Fustel de Coulanges, « Considérations sur la France » [1870-71], cité in François Hartog, *Le XIXe siècle et l'histoire. Le cas Fustel de Coulanges*, Seuil-Points, Paris, 2001, pp. 307-309. Fustel réfute au passage l'objection qu'on pourrait lui faire en arguant du servage : « Le servage, loin d'avoir été l'essence de la féodalité, ne fut même jamais une institution féodale. [...] Non seulement ce ne fut pas le régime féodal qui créa la servitude, ce fut au contraire lui qui, à la longue, le fit disparaître » (*Ibid.*, p. 309).

90. Henri de Boulainvilliers, *L'histoire de l'ancien gouvernement de la France*, 3 vol., Amsterdam-La Haye, 1727. Sur le débat autour des anciennes « libertés germaniques », tant en France qu'en Allemagne, cf. aussi Lucien Calvié, « "Liberté", "libertés" et "liberté(s) germaniques(s)" : une question franco-allemande avant et après 1789 », in *Mots*, 16, 1988, pp. 9-33 ; Jost Hermand et Michael Niedermeier, *Revolutio germanica. Die Sehnsucht nach der « alten Freiheit » der Germanen, 1750-1820*, Peter Lang, Bern-Frankfurt/M. 2002.

91. Cf. John G.A. Pocock, *Le moment machiavélien*, PUF, Paris, 1997 ; Philip Pettit, *Republicanism. A Theory of Freedom and Government*, Clarendon Press, Oxford, 1997 (trad. fr. : *Républicanisme. Une théorie de la liberté et du gouvernement*, Gallimard, Paris, 2003) ; Quentin Skinner, *La liberté avant le libéralisme*, Seuil, Paris, 2000. Cf. aussi Jean-Fabien Spitz, *La liberté politique. Essai de généalogie conceptuelle*, PUF, Paris, 1995.

92. *Op. cit.*, p. 25.

93. « Républicanisme et droits de l'homme », *art. cit.*, p. 51.

94. *Ibid.*

95. *Ibid.*, p. 52.

96. Cf. notamment Alasdair MacIntyre, *Après la vertu. Étude de théorie morale*, PUF, Paris, 1997 ; Charles Taylor, *La liberté des modernes*, PUF, Paris, 1997 ; *Les sources du moi. La formation de l'identité moderne*, *Op. cit.* ; Michael Sandel, *Le libéralisme et les limites de la justice*, Seuil, Paris, 1999. Pour une critique plus générale du « discours des droits », cf. aussi Richard E. Morgan, *Disabling America. The « Rights Industry » in Our Time*, Basic Books, New York, 1984 ; Joseph Ratz, *The Morality of Freedom*, Clarendon Press, Oxford, 1986 ; Mary Ann Glendon, *Rights Talk. The Impoverishment of Political Discourse*, Free Press, New York, 1991.

97. Le droit de propriété, par exemple, ne saurait être déclaré juste en soi, indépendamment des usages bons ou mauvais qui en sont faits. Cf. Charles Taylor, « Atomism », in A. Kontos (ed.), *Powers, Possessions and Freedom. Essays in Honour of C.B. Macpherson*, University of Toronto Press, Toronto, 1979.

Postface

Qu'est-ce que le libéralisme ?[1]

On ne peut rien comprendre au libéralisme aussi longtemps qu'on en oppose entre elles les formes principales (économique, politique, culturelle, philosophique), de même qu'on ne peut rien comprendre au capitalisme si l'on y voit seulement un système économique et non pas un « fait social total » (Marcel Mauss). L'unité profonde du libéralisme réside dans son anthropologie – une anthropologie dont le fondement est, indissociablement, l'individualisme et l'économisme.

Sans remonter trop loin, rappelons que l'individualisme est l'héritier du nominalisme, qui pose en principe qu'il n'existe aucun être au-delà de l'être singulier (c'est également de la Scolastique espagnole que dérive la théorie subjective de la valeur). L'individualisme est la philosophie qui considère l'individu comme la seule réalité et le prend comme principe de toute évaluation. Le libéralisme pose l'individu et sa liberté supposée « naturelle » comme les seules instances normatives de la vie en société, ce qui revient à dire qu'il fait de l'individu la seule et unique source des valeurs et des finalités qu'il se choisit.

Cet individu est considéré en soi, abstraction faite de tout contexte social ou culturel. C'est pourquoi l'individualisme

1. *Texte paru en octobre 2015 dans la revue « La Nef ».*

libéral ne reconnaît aucun statut d'existence autonome aux communautés, aux peuples, aux cultures ou aux nations. L'individu est censé venir en premier, soit qu'on le suppose antérieur au social dans une représentation mythique de la « pré-histoire » (antériorité de l'état de nature), soit qu'on lui attribue un simple primat normatif (l'individu est ce qui vaut le plus). Dans l'un et l'autre cas, l'homme doit s'appréhender comme individu autonome sans avoir à penser sa relation à d'autres hommes au sein d'une socialité primaire ou secondaire. La société est elle-même appréhendée au moyen de l'individualisme méthodologique, c'est-à-dire comme simple agrégat d'atomes individuels.

Parallèlement, l'homme est posé comme un être producteur et consommateur, égoïste et calculateur, qui vise toujours et uniquement à maximiser rationnellement son utilité, c'est-à-dire son meilleur intérêt matériel et son profit privé. Cette thèse, à la fois descriptive et normative, fait de l'homme un être de calcul et d'intérêt, un *Homo œconomicus*. Et comme nous sommes dans une perspective individualiste, celui-ci est en outre conçu comme ayant préexisté à la société. D'où la théorie du contrat social : l'homme n'est « entré en société » que parce qu'il y trouvait un intérêt. L'homme n'est plus un être naturellement politique et social, sa sociabilité n'est plus que le résultat de son choix. Il se comporte comme un être social, non parce que cela est dans sa nature, mais parce qu'il est censé y trouver son avantage, ce qui signifie qu'il n'a pas de rapport éthique avec lui-même. La vie sociale n'est dès lors plus affaire que de décisions individuelles et de choix intéressés.

La liberté dont se réclame le libéralisme est une abstraction, liée à un « droit » inhérent à la personne humaine – on est ici sous l'horizon de la théorie des droits subjectifs, dont Michel Villey a bien montré qu'elle s'oppose en tous points au droit naturel des Anciens –, qui pose que l'individu est fondé à faire (et à exiger de pouvoir faire) ce qu'il veut de son temps, de son corps ou de son argent. L'homme est en outre censé n'effectuer que des choix qui se déroulent en aval de lui-même, sans être jamais conditionnés ou modelés par son héritage ou ses appartenances. La liberté libérale suppose ainsi que les individus puissent faire abstraction de leurs origines, de leur environnement, du contexte dans lequel ils vivent ou de la culture où s'exercent leurs choix, c'est-à-dire de tout ce qui fait qu'ils sont tels qu'ils sont, et non pas autrement. Elle suppose, comme l'écrit John Rawls, que l'individu soit toujours antérieur à ses fins. D'autant plus libre qu'il est délié de ses appartenances, celui-ci est censé construire ses préférences comme il se construit lui-même : à partir de rien. La liberté des libéraux est en fait avant tout liberté de posséder. Elle ne réside pas dans l'être, mais dans l'avoir. L'homme est propriétaire de lui-même, la fétichisation de la propriété privée individuelle n'en représentant qu'une extension. L'avènement du marché a précisément consacré la mise en place d'une société où chacun a le libre droit d'agir indépendamment de sa communauté d'origine.

Il faut seulement que la liberté individuelle ne soit pas onéreuse aux autres, c'est-à-dire ne s'exerce pas au détriment de celle d'autrui. La liberté libérale « consiste à pouvoir faire tout ce qui ne nuit pas à autrui » (art. 4 de la Déclaration des droits d'août 1789). Tout désir est ainsi considéré comme légitime tant qu'il n'antagonise pas le désir d'autrui. À cette seule condition, tout ce qui est possible est permis. Entendu de la sorte, la liberté libérale se définit, de façon purement négative, comme droit de sécession, refus de toute immixtion extérieure (« liberté de », et non « liberté pour »). En outre, et surtout, elle ne saurait impliquer une quelconque obligation d'agir pour son bien, ni même d'agir en vue d'un bien : on peut se nuire à soi-même dès lors que cela ne gêne personne. C'est l'abandon radical de l'idée de *telos*, ou de recherche de l'excellence de soi. Comme le dit très bien Pierre Manent, le libéralisme est d'abord le renoncement à penser la vie humaine selon son bien ou selon sa fin.

La reconnaissance du droit inaliénable de l'individu à sa liberté de choix implique automatiquement l'égale acceptation sociale et juridique de toutes les manière de vivre concevables. Comme l'a écrit Charles Robin, « dans un tel contexte, toute référence à une quelconque notion de "morale commune" ou de "valeurs partagées" ne peut apparaître que comme fondamentalement autoritaire et liberticide, dans la mesure où elle continue d'accorder à un *au-delà de l'individu* un sens et une légitimité philosophiques ».

Du point de vue moral, c'est une révolution. Dès ses premières formulations, le libéralisme fait reposer la prospérité de tous sur l'égoïsme de chacun en recommandant aux individus, non de respecter le sens des proportions, mais de s'abandonner à la *pleonexia*, la soif illimitée d'avoir. L'égoïsme devient ainsi la meilleure façon de servir autrui : « Tout en ne cherchant que son intérêt personnel, dit Adam Smith, l'homme travaille souvent d'une manière bien plus efficace pour l'intérêt de la société que s'il avait réellement pour but d'y travailler. » C'est le point de vue développé par Bernard de Mandeville dans sa célèbre *Fable des abeilles* (1705) : vices privés, vertus publiques (On remarquera toutefois que cette idée mandevillienne selon laquelle les vices privés sont causes du bonheur public revient à penser que l'action publique des individus est équivalente à leur action privée, soit la négation de la distinction entre le public et le privé que le libéralisme prétend par ailleurs poser). Ce qu'on appelle l'axiomatique de l'intérêt n'est rien d'autre que la traduction en termes philosophiques de cette disposition naturelle de l'être humain à l'égoïsme. C'est aussi le fondement de la métaphysique de la subjectivité (Heidegger). Système doublement négateur du bien commun, puisque s'y trouve récusée la notion de « bien » tout autant que celle de « commun », pour ne rien dire du lien existant entre ces deux mots.

*

Le libéralisme est d'autre part une doctrine économique, qui tend à faire du modèle du marché autorégulateur le paradigme de tous les faits sociaux. Les libéraux développent tous l'idée que, du point de vue économique, le marché est à la fois le lieu réel ou s'échangent les marchandises et l'entité virtuelle où se forment de manière optimale les conditions de l'échange, c'est-à-dire l'ajustement de l'offre et de la demande et le niveau des prix. Représentant la forme « naturelle » de l'échange, le marché serait donc autorégulateur et autorégulé. L'utilité globale n'étant plus que la simple agrégation des utilités individuelles, on postule du même coup l'harmonisation naturelle et spontanée des intérêts sous l'effet d'une « main invisible », qui n'est qu'une reformulation profane de la notion de Providence.

Quant au fonctionnement optimal du marché, il implique que rien n'entrave la libre circulation des biens et des services, des hommes et des marchandises, c'est-à-dire que les frontières soient tenues pour inexistantes. D'où le cosmopolitisme inhérent au capitalisme libéral, qui est aussi le principe du libre-échangisme. « Un marchand, écrit Adam Smith dans un passage bien connu, n'est nécessairement citoyen d'aucun pays en particulier. Il lui est, en grande partie, indifférent en quel lieu il tienne son commerce, et il ne faut que le plus léger dégoût pour qu'il se décide à emporter son capital d'un pays dans un autre, et avec lui toute l'industrie que ce capital mettait en activité. » Laissez faire, laissez passer ! C'est pourquoi le patronat s'est toujours fait l'ardent défenseur d'une immigration à laquelle il recourt d'autant plus volontiers qu'elle lui permet d'exercer une pression à la baisse sur les salaires.

Le résultat est qu'avec l'avènement du marché, comme l'écrit Karl Polanyi, « la société est gérée en tant qu'auxiliaire du marché. Au lieu que l'économie soit encastrée (*embedded*) dans les relations sociales, ce sont les relations sociales qui sont encastrées dans les relations économiques ». L'échange marchand, qui n'était autrefois qu'une modalité (d'ailleurs peu valorisée) de l'activité humaine, devient le fondement et la règle générale de la société civile. L'*Homo œconomicus* étant au service de l'économie, et non l'inverse, la qualité se rabat sur la quantité (« On est ce que l'on a »).

Carl Schmitt niait qu'il puisse y avoir une politique libérale, le libéralisme se caractérisant à ses yeux, outre l'affirmation du primat de l'économique sur le politique (et du privé sur le public), par une invincible tendance à « neutraliser » les problèmes politiques en les dépolitisant. Le libéralisme politique se fonde en fait sur les droits des individus. Les gouvernements se doivent de garantir ces droits, mais ils ne sauraient les fonder, puisqu'ils sont supposés antérieurs à toute existence sociale. Pour la même raison, ils ne sont pas immédiatement assortis de devoirs, car les devoirs impliquent précisément qu'il y ait un début de vie sociale : pas de devoir envers autrui s'il n'y a pas déjà d'autrui. La société n'existe que pour satisfaire des désirs individuels immédiatement transformés en « besoins » et en « droits », ce qui enlève tout sens à la notion de bien commun.

L'État, dans cette optique, doit se mettre au service de l'individu et de sa « liberté de choix », à commencer par son droit d'agir librement selon le calcul de ses intérêts particuliers. Le seul rôle que la plupart des libéraux consentent à lui attribuer, en plus du respect des lois et des droits individuels, est de garantir les conditions nécessaires à la liberté des échanges, c'est-à-dire au libre jeu de la rationalité économique à l'œuvre sur le marché.

Gendarme, gestionnaire ou arbitre des intérêts privés, l'État libéral ne saurait donc avoir de finalité qui lui soit propre. Tenu de s'abstenir de toute intervention dans les affaires économiques et commerciales, il doit aussi s'interdire de donner aux citoyens un modèle quelconque de « vie bonne » (Aristote), car cela reviendrait à favoriser les conceptions de certains au détriment de celles des autres. La société doit être régie par des principes qui ne supposent la supériorité d'aucune conception particulière du bien commun, chaque individu étant posé comme libre de vivre selon sa définition privée du « bonheur » (Dans le contexte historique d'émergence du libéralisme, ce principe fut considéré comme un moyen d'en finir avec les guerres de religion).

Ce qu'on appelle le libéralisme politique n'est donc qu'une manière d'appliquer à la vie politique des principes déduits d'une doctrine économique et individualiste qui tend en fait à limiter le plus possible la part du politique, à le destituer de ses prérogatives, en opposant la souveraineté des marchés à la conception strictement politique de la souveraineté. L'idéal de « neutralité axiologique » implique lui-même la destitution du politique, dans la mesure où celui-ci consiste toujours à choisir entre des possibles pour atteindre des objectifs modelés selon certaines valeurs – en même temps qu'il favorise la montée de l'expertocratie, pour laquelle il n'y a qu'une seule solution possible aux problèmes, ceux-ci étant eux-mêmes réduits à des questions « techniques ». Le résultat, c'est de calquer le gouvernement des hommes sur l'administration des choses (ou de remplacer le premier par la seconde). En dernière analyse, les rapports entre les hommes deviennent eux-mêmes semblables à des rapports aux choses. C'est le thème de la « réification » (*Verdinglichung*) des rapports sociaux si bien étudiés par le jeune Lukács.

« L'avènement de l'individu rend la citoyenneté obsolète », dit très justement Hervé Juvin. Il dé-lie en effet l'homme de ce qui le relie à ses semblables. Exclusivement réglé par les mécanismes anonymes et impersonnels du marché et du droit, le lien social se ramène au contrat juridique et à l'échange marchand. Dans une perspective anti-holiste (le tout n'est rien d'autre que la somme de ses parties), où la société n'est qu'une addition d'individus – « La société n'existe pas », disait Margaret Thatcher –, il ne saurait plus y avoir de valeurs ni d'horizon de sens partagés.

Si l'on veut conserver l'expression de « politique libérale », on dira que celle-ci consiste à mettre en phase la reproduction de la société et la reproduction du capital par la mise en œuvre des conditions sociopolitiques d'élargissement de l'accumulation du capital. Soit la définition même de la « marchandisation du monde ».

C'est cette dimension économique des sociétés libérales qui voue au « toujours plus », dans la mesure où toute quantité est toujours susceptible de s'accroître d'une unité supplémentaire. Le « toujours plus » est alors posé comme un nouveau régime de vérité : plus devient synonyme de mieux, et toujours plus de toujours mieux (c'est aussi l'une des bases de l'idéologie du progrès). La croissance économique est perçue comme à la fois naturelle et toujours souhaitable, ce qui signifie que toute forme de production mérite d'être encouragée, si nuisible ou inutile qu'elle puisse être. L'humanité vit alors à crédit sur une nature qui ne cesse de s'appauvrir et de se dégrader. Stimulé par l'aspiration individuelle à la satisfaction de n'importe quel désir, le « toujours plus » débouche en fin de compte sur une frustration généralisée, contribuant ainsi à la « paupérisation psychologique » d'une société composée de narcissiques immatures – cette société du vide devenue elle-même « liquide » (Zygmunt Bauman) à force d'avoir tout liquidé.

Marx parlait à juste titre du « rôle éminemment révolutionnaire » joué au cours de l'histoire par la bourgeoisie. Il avait bien vu aussi que le capitalisme, loin d'être un système économique « conservateur » et « patriarcal » – comme s'obstine à le décrire une gauche archaïque qui se trompe totalement sur sa nature – constitue en réalité une force révolutionnaire permanente, au point que « *jamais* dans l'histoire de l'humanité un système économique et social n'aura transformé à ce point, ni aussi vite, la face entière du monde *et la substance même de l'âme humaine* » (Jean-Claude Michéa). Pour la logique du capital, tout ce qui fait obstacle à l'extension indéfinie de l'échange marchand est un verrou à faire sauter, une limite à supprimer, qu'il s'agisse de la décision politique, de la frontière territoriale, du jugement moral incitant à la mesure ou de la tradition culturelle qui rend sceptique vis-à-vis de la nouveauté. « Du point de vue anthropologique, écrivait Pasolini, la révolution capitaliste exige des hommes dépourvus de lien avec le passé. » D'où l'inconséquence tragique de ces conservateurs ou « nationaux-libéraux » qui veulent à la fois défendre le système du marché et des « valeurs traditionnelles » que ce système ne cesse de laminer.

Jean-Claude Michéa, suivi par Charles Robin, a parfaitement démontré que le libéralisme économique « de droite » et le libéralisme sociétal « de gauche » sont voués à se conjoindre, car ils procèdent des mêmes postulats fondateurs. « Le libéralisme économique intégral (officiellement défendu par la droite) porte donc en lui la révolution permanente des mœurs (officiellement défendue par la gauche), tout comme cette dernière exige, à son tour, la libération totale du marché » (Jean-Claude Michéa). Inversement, la transgression systématique de toutes les normes sociales, morales ou culturelles devient synonyme d'« émancipation ». Des slogans de Mai 68 comme « jouir sans entraves » et « il est interdit d'interdire » étaient des slogans typiquement libéraux. La gauche, aujourd'hui, donne d'autant mieux dans le libéralisme sociétal qu'elle s'est entièrement convertie au libéralisme économique mondialisé.

Je suis mal placé pour savoir si le libéralisme est une « structure de péché », pour parler comme le pape François. Il me suffit de savoir qu'il aboutit à la fois à ce que Engels appelait l'« atomisation du monde » et à la mutilation de l'existence humaine par les dispositifs de la prostitution marchande et les machineries du profit, pour y voir un système auquel on ne peut que s'opposer.

Table

(Suite de la page 4)

Jésus et ses frères, et autres écrits sur le christianisme, le paganisme et la religion, Paris, AAAB, 2006.

Carl Schmitt actuel. « Guerre juste », terrorisme, état d'urgence, « "Nomos" de la Terre », Paris, Krisis, 2007.

Demain, la décroissance ! Penser l'écologie jusqu'au bout, Paris, É-dite, 2007.

Au temps des idéologies « à la mode », Paris, AAAB, 2009.

Dictionnaire des prénoms d'hier et d'aujourd'hui, d'ici et d'ailleurs, Paris, Jean Picollec, 2009.

Cartouches. Les éditoriaux d'« Éléments » (1973-2010), Paris, AAAB, 2010.

Des animaux et des hommes. La place de l'homme dans la nature, Billère, Alexipharmaque, 2010.

Au bord du gouffre. La faillite annoncée du système de l'argent, Paris, Krisis, 2011.

Mémoire vive. Entretiens avec François Bousquet, Paris, Bernard de Fallois, 2012.

Édouard Berth ou le socialisme héroïque. Sorel – Maurras – Lénine, Grez-s/Loing, Pardès, 2013.

Les Démons du bien. Du nouvel ordre moral à l'idéologie du genre, Paris, éditions Pierre-Guillaume de Roux, 2013.

Non à la théorie du genre !, Paris, Mordicus, 2014.

Quatre figures de la Révolution conservatrice allemande. Werner Sombart, Arthur Moeller van den Bruck, Ernst Niekisch, Oswald Spengler, Paris, AAAB, 2014.

Le Traité transatlantique et autres menaces, Paris, éditions Pierre-Guillaume de Roux, 2015.

Bibliographie internationale de l'œuvre de Louis-Ferdinand Céline, Paris, éditions Pierre-Guillaume de Roux, 2015.

Cet ouvrage composé
en Caslon c. 12,5 a été réalisé
par DV Arts Graphiques
à La Rochelle (Charente-Maritime)
et achevé d'imprimer en mars 2016
sur les presses de l'Imprimerie Laballery
Dépôt légal : avril 2016
N° d'imprimeur : 601409
N° d'édition : 154

ISBN 978-2-36371-154-0